엄마들은 모르는 스스로 공부하는 힘
읽기 코칭을 배우면
공부가 달라진다

엄마들은
모르는 스스로
공부하는 힘

읽기 코칭을 배우면 공부가 달라진다

이정숙 | 이정진 | 이영실 지음

라온북

목차

책장을 열며 ··· 10

PART 1 기적의 읽기 코칭

1장 스스로 공부하는 힘, 읽기 코칭
읽기력이 공부력이다 ··· 19
읽기를 잡아야 자기주도학습이 된다 ··· 23

2장 평균 99점에 도전하는 코칭 솔루션
티칭에 힘을 더해주는 코칭 ··· 28
성적이 달라지는 코칭, 네 가지 비밀 ··· 32
읽기 학습코칭의 세상 속으로 ··· 39

3장 읽기 부진을 해결해야 공부가 잡힌다
읽기 부진아 vs 읽기 장애아 ··· 44
읽기 부진을 해결하는 읽기 코칭 ··· 49
읽기 학습으로 공부의 재미를 되찾은 아이들 ··· 55

공부가 달라지는 읽기 코칭

1장 스키마 활용으로 2배의 공부 내공 키우기
지식을 재구성하는 힘 …63
효율적인 스키마 활용법 …68
배경지식 활성화 전략 …73

2장 매체만 제대로 읽어도 공부가 달라진다
동화책은 스키마의 보물창고 …79
신문으로 공부하는 아이들 …85
광고로 세상을 읽는다 …92
세상과 교과서를 연결하라 …97

3장 읽기 능력이 생각하는 힘을 키운다
질문만 잘해도 읽기 능력이 쑥쑥 …103
생각의 그릇을 넓히는 브레인스토밍 …109
읽기의 바다에 빠트려라 …116

기적의 읽기 능력 회복법

1장 읽기의 기초체력을 키워라
어휘력을 향상시키는 몇 가지 방법 … 123
의미 구조도를 만들면 읽기가 쉽다 … 129
더 깊이 이해하게 하는 힘, SQ3R전략 … 136
우등생의 비밀, 메타인지 … 141

2장 핵심을 찾고 조직화하기
즐겁게 읽기 위한 읽기모형 바로 알기 … 146
중심 생각 찾기 … 151
글의 내용을 제대로 이해하는 요약하기 … 159
신문기사로 활용하는 요약 훈련 … 164

3장 교과서 읽는 법, 제대로 따라 하기
공부의 시작과 끝, 교과서 읽기 … 169
과목별 교과서 이렇게 읽자 … 174
교과서를 활용한 읽기 학습코칭 사례 … 188

4장 시험에 강한 서술형 학습법
서술형 평가에 빛을 더하는 읽기력 … 194
서술형·논술형 시험 이렇게 준비한다 … 215
서술형·논술형 시험에 강한 아이 만들기 … 224

 ## 당신 아이를 천재로 만드는 리터러시(Literacy)코칭

1장 세상을 읽는 힘, 리터러시코칭
창의적 인재의 기본적인 소양, 리터러시 … 231
글 쓰는 연습을 즐겁게 하는 3가지 방법 … 234
미디어로 표현하고 소통하는 미디어 리터러시코칭 … 239

2장 리터러시코칭을 여는 읽기 학습코치의 세계
읽기 학습코치의 역할과 전망 … 244
'움트리' 코칭 프로그램 활용 방법 … 248

에필로그 … 251
참고문헌 … 255
희망을 부르는 교육 인재숲 프로그램 … 256

책장을 열며

　아이들이 한글을 깨우치는 시기가 점점 빨라지고 있다.
　부모들은 아이가 스스로 앉게 될 무렵부터 다양한 교재와 교구를 동원하여 한글을 가르친다. 그 덕에 우리나라는 OECD 국가 중에서 모국어를 '문자로' 가장 빠르게 배우는 나라가 되었다. 이처럼 조기 한글교육에 열광하는 이유는 한글을 일찍 배운 아이들은 그만큼 빨리 글자에 노출되고, 더 많은 정보를 받아들일 수 있을 것이라고 기대하기 때문이다. 하지만 부모들은 자녀의 읽기 능력에 대해서는 크게 염려하지 않았다. 글자를 읽는 것과 읽기 학습능력은 다른 영역임에도 이 두 영역이 동일하다고 생각했기 때문이다. 최근에 공교육이 빠르게 변하고 학교에서는 수학의 원리를 좀 더 깊게 이해하기 위해 스토리텔링 수학을 도입했고, 다양한 영역을 융합하는 창의적인 인재를 양성하고자 통합교과로 수업을 진행하고 있다. 단순히 배우는 것이 아니라 스스로 익히는 것이 중요한 시기가 된 것이다. 평가 자체도 변화하여 서술형·논술형 평가방법을 채택하는 학교들이 점점 늘어가는 추세다. 이러한 변화에 따라 읽기 학습능력에 관한 관심도 점차 확대되고 있다. 한편, 기존의 가르치는 사람 중심이었던 교육이 학습자 중심의 교육 형태로 바뀌면서, 주도적인 학습능력이 강력히 요구되고 있다. 이제는 가르쳐 주는 대로 배우고 수동적으로 받아들이기만 하는 학습 형태에서 벗어나야 할 필요를 느끼게 된 것이다. 능동적으로 배우고 익히는 것을 중요하게 생각하며 기존에 가지고 있던 자신의 지식을 새롭게 재창조하는 능력을 요구하는 것이 현세대 교육의 흐름이다. 이러한 변화에 잘 대처하기 위해서 읽기 학습능력은 반드시 필요하다.

읽기 학습능력이란 글자를 단순히 읽는 것이 아니라, 맥락을 이해하며 읽는 것을 말한다. 더 나아가서는 글자로 전달되는 수많은 매체 속에서 세상을 제대로 읽어내는 힘을 말한다. 읽기 학습능력이 뛰어난 사람이 세상의 변화를 읽어낼 수 있으며, 타인의 생각과 내 생각을 융합하는 능력을 키워낼 수 있다. 미국에서는 일찌감치 기초학습능력을 키워주는 전문가로서 '리터러시코치'를 양성해 각 학교에서 활동하게 하고 있다. 리터러시코칭을 통해 그들의 모국어인 영어를 잘 읽고 쓰는 능력을 키우는 것은 물론, 다양한 문화와 민족이 살고 있는 다민족 국가인 미국에서 영향력을 발휘하는 리더를 키우는 데 이바지하기 위함이다.

오랜 시간 학습코치를 양성하고 1:1 청소년코칭을 하면서 느낀 것은, 학습부진의 원인은 읽기 학습능력의 부진에서 비롯된다는 사실이다. 공부하고 싶은 마음이 생겨서 벅찬 가슴으로 책상에 앉아 보지만, 이미 많이 뒤처져 있는 자신의 모습에 좌절하거나 교과서 내용을 이해하지 못해 포기하는 학생들이 많이 있었다. 공부에 어려움을 느껴서 필자를 찾아온 학생 중에는 중학생임에도 교과서에 나와 있는 어휘의 뜻을 정확히 알지 못하거나 큰소리로 글을 읽는 것 자체를 어려워하는 학생들도 있었다. 그들이 읽기 학습코칭을 받고 변화되는 과정을 지켜보면서, 아이들이 배움의 즐거움에 맘껏 빠지게 하기 위해서는 반드시 읽기 능력을 점검하고 키워야 한다는 사실을 깨달았다.

이러한 문제에 공감하는 두 분의 코치와 함께 읽기 학습능력을 키우는 방법을 고심해 보았다. 이 책은 그 결과물이다. 학습코치로 활동하면서 청소년들의 다양한 변화의 순간을 함께해온 세 명의 코치가 함께 쓴 책이다. 오랜 세월 아이들과 만나며 학습코치로 활동하면서 경험했던 일들을 생생하게 전달할 수 있는 계기가 돼서 기쁘고 감사한 마음이다.

이 책의 1부에서는 읽기 학습코칭에 대한 전반적인 이야기를 다룬다. 읽기 능력과 읽기 학습능력의 차이는 무엇이며, 왜 읽기 학습능력에 주목해야 하는지 알게 될 것이다. 또한, 가르치는 것(티칭)과 함께 하는 것(코칭)의 차이는 무엇인지, 코칭의 개념과 코칭 스킬에 대한 이야기를 나눠보고자 한다. 아울러 읽기 부진과 읽기 장애에 대한 이해와 읽기 부진아의 특성, 읽기 학습코칭으로 읽기 능력을 향상시킨 사례 등을 나누어 보겠다.

2부에서는 읽기 동기를 향상시키는 방법 중에서 배경지식을 활용하고 활성화하는 방법과 다양한 매체를 통해 세상을 읽는 방법을 다루며 내적 읽기 동기를 높이는 효율적인 방법들에 대한 이야기를 나누어 보기로 한다.

3부에서는 읽기 수행 중에 필요한 어휘력과 중심 내용을 효과적으로 찾아내는 방법을 다룬다. 무엇보다도 교과서를 잘 읽어내는 방법을 중점으로, 교과서 위주의 공부가 가능하도록 이야기하겠다. 내신 관리가 중요시되고 있는 요즈음, 서술, 논술형 평가에 대비하는 방법, 교과서를 200% 활용하는 방법에 대해서도 구체적으로 다룰 것이다.

마지막 4부에서는 미국의 리터러시코치의 활동을 소개하고, 단순히 활자를 읽는 것에 그치는 것이 아니라 미디어를 통해 세상을 읽는 방법과 글쓰기를 통해 정보와 지식들을 완전하게 내 것으로 만드는 방법을 알아보고자 한다. 또 현재는 우리에게 익숙하지 않은 읽기 학습코치 지도사의 역할과 나가야 할 방향에 대해서도 이야기를 나누어 보려 한다.

내용별로 배운 내용을 적용할 수 있는 활동지를 수록하였다. 이 책을 통해 읽기 학습코칭을 이해하고, 바로 적용할 수 있도록 실제로 사용했던 활동지를 넣었다. 코칭 현장에서 적용하여 읽기 학습코칭을 실습하기에 용이할 것이다.

이 책은 읽기 학습코칭 방법을 현장에 적용하여 아이들의 기초학습능력을 키우고자 하는 전문가를 위해 만들어졌다. 현재 독서논술을 지도하거나, 학교 교실에서 학생들의 기초학습능력 향상 방법을 고민하는 선생님들이 읽으신다면 도움이 될 것이다. 학부모들에게는 조기에 자녀의 기초학습능력을 점검하고 도와줄 힘이 되리라 생각한다. 이 책은 아이들을 돕고자 하는 전문가 중에서도 특히, 아이들의 부족한 기초학습능력을 향상해주고 싶은 당신이라면 반드시 읽어봐야 할 필수 도서가 될 것이다.

우리는 미래를 준비하기 위해 학업에 매진하는 아이들이 참된 배움의 기쁨을 누릴 수 있기를 바란다. 이 책을 읽고 활용하는 전문가들에게 아이들에 대한 우리의 진심과 사랑이 잘 전달되어 아이들이 행복한 인재로 숲을 이루는 그날이 오길 꿈꾼다.

2014년 4월
저자 일동

PART
1

기적의 읽기 코칭

1장

스스로 공부하는 힘, 읽기 코칭

읽기력이
공부력이다

둘째 아이가 한글을 막 뗐을 때의 일이다. 책장에서 좋아하는 그림책을 꺼내오더니 더듬거리며 읽기 시작했다. 몇 줄 되지 않는 한 페이지를 읽는 데 집중하며 애를 쓰더니, 짧은 그림책 한 권을 다 읽고는 스스로가 대견스러운 듯 미소를 지었다. 그러나 아이에게 그림책 속에 나오는 한 부분을 예로 들며 주인공이 그렇게 행동한 까닭에 대해 물어보니 정확하게 의미를 표현하지 못했다. 아이는 독서를 통해 글자를 읽어내기는 했으나 문맥 속에 숨은 의미는 파악하지 못한 것이다. 즉, 올바른 독해에는 성공하지 못한 것이다.

  제대로 읽는다는 것은 단순하게 글자만을 읽어내는 것을 의미하는 것이 아니다. 제대로 읽기란 글을 읽고 그 의미를 이해하는 사고과정의 행위이다. 유아기 때부터 문자로 모국어를 배움에도, 학년이 올라갈수록 아이들의 독해력이 현저하게 떨어지는 이유에 대해 많은 이들이 의아해한다. 그러나 그것이 '문자를 습득하는 능력'과 '문자를 읽고 의미를 파악하고 재구성하는 능력'이 다른 것이라는 사실을 정확하게 이해하지 못해서 오는 착오임을 알고 나면 대부분 고개를 끄덕인다.

읽는다는 것은 세 가지 의미를 내포하고 있다.

문자 획득, 독해, 독서다. 글자 자체를 배우고 익히는 문자 획득, 글을 읽고 의미를 이해하는 독해, 평생 책을 즐기는 삶으로 이어지게 하는 독서 활동이 균형을 이루어야 올바른 읽기라고 할 수 있다. 문자 획득은 가장 기초적인 항목으로, 학문의 초입에서 필수로 다루고 숙련이 될 때까지 학습해야 할 전제조건이다. 문자를 읽어 내는 능력 위에 글의 의미를 이해하고 재구성할 수 있는 능력이 필요하며, 이러한 독해력은 수많은 실제 독서 활동을 통해 그 가치가 드러난다.

학습과 연관성이 깊은 읽기 능력이란 내용을 추론하고, 이해하고, 분석하고, 적용하고 비판할 수 있으며 글의 전체적인 의미를 파악할 수 있는 능력이다. 읽기는 일련의 과정을 통해 자신과 세상을 좀 더 발전적인 방향으로 변화시키는 활동이라 할 수 있다. 그 과정은 글 속에 드러나는 사실과 작가의 생각을 알아내어 요약하기, 글 속에 숨어 있는 것들을 유추해서 전체 뜻의 맥락을 재구성하기, 자신의 배경지식을 토대로 나름대로 평가하고 비판하기로 이루어진다.

그렇다면, 이렇듯 세상을 알아가며 스스로 공부하는 힘을 길러주는 읽기 활동에는 어떤 특성이 있는지 다음의 다섯 가지로 나누어 이야기해보자.

첫째, 읽기는 의미를 구성하는 과정이다.

글을 읽는 사람마다 가지고 있는 배경지식이 다르다. 그렇기 때문에 받아들이는 것들도 모두 다르다. 예를 들어 "풍경 소리는 마음에서 들려오는 바람 소리다."라는 문장을 읽었을 때, 풍경 소리를 들어본 경험이 있는 아이들은 이 문장에서 '바람 소리'가 어떤 의미일지 쉽게 연상할 수 있다. 하지만 풍경이 무엇인지 모르거나 풍경 소리를 들어본 경험이 없다면 이 문장을 이해하기 어려울 것이다. 글을 읽을 때에 배경지식이 차지하는 부분은 이렇듯 큰 비중을 차지한다. 읽기 활동은 이처럼 어떤 글의 의미를 구성하는 과정이 된다.

둘째, 유창하게 읽을수록 읽기가 더욱 즐거워진다.

유창하게 읽는다는 것은 단어를 정확하게 읽어내고 확인할 수 있는 것이며 이는 독해의 중요한 관건이 된다. '연습만이 완벽을 만든다'는 말처럼, 유창하게 읽기 위해서는 읽는 경험을 많이 만들어주는 것이 필요하다.

셋째, 읽기에도 전략이 필요하다.

잘 읽으면 잘 기억할 수 있다. 무턱대고 텍스트를 반복하여 읽기보다는 전략을 세워서 읽으면 기억력도 좋아지게 된다. 읽기 전략의 대표적인 방법으로 SQ3R 전략이 있다. SQ3R 전략은 뒤에서 구체적으로 다루도록 하겠다.

넷째, 흥미와 재미가 있어야 한다.

읽는 것을 지루하고 재미없는 것으로 느끼면 읽기 자체가 싫어질 수밖에 없다. 따라서 유아기부터 나이에 맞는 읽기자료를 제공함으로써 읽기에 흥미와 재미를 느낄 수 있는 환경을 만들어주는 것이 필요하다. 초기 읽기 단계에는 재미있게 접근할 수 있도록 읽기 전에 줄거리를 먼저 소개하여 읽을 것에 대한 동기를 유발하는 것도 하나의 방법이 될 수 있다. 또한 읽기가 끝난 후 재미있고 다양한 활동을 경험하게 해서 읽기가 즐거운 놀이라고 인식할 수 있도록 해준다면 아이들이 지속적으로 읽는 활동을 하려고 할 것이다.

다섯째, 지속성과 반복성이 필요하다.

읽기 능력은 단시간에 완성되거나 어떤 결과가 도출되는 것이 아니다. 읽기 능력은 끊임없이 발전하며, 연습을 통해 완벽함을 이루어 내야 하는 노력의 결실과도 같다. 잘 읽기 위해서는 꾸준하게 많이 읽는 것이 중요하다.

21세기는 정보의 홍수 속에서 자신에게 필요한 정보를 찾아내는 능력과 그 정보를 적절하게 접목하고 활용하며 아울러, 그것들을 자신의 지식과 통합해서 자신만의 새로움으로 표현하는 능력이 요구되는 시대이다. 이러한 사회의 흐름과 변화에 비추어 볼 때 읽기 능력은 다른 어떤 능력보다도 필요한 생존 요소가 아닐 수 없다.

읽기를 잡아야 자기주도학습이 된다

코칭을 하면서 만나는 아이 중에 상당수가 기초학습능력이 부족하여 학습에 어려움을 겪는다. 기초학습능력에서 가장 중요한 부분을 나는 읽기 능력이라고 본다. 교과서 지문을 읽고 문장 속에 숨어있는 의미를 파악하지 못하거나, 어휘를 몰라서 독해에 어려움을 겪는 아이가 시험에서 좋은 점수를 받기는 힘들 수밖에 없다.

코칭으로 만난 두 명의 아이에게 교과서 한 페이지를 읽어보라고 했다. 교과서를 읽으면서 중요하다고 생각하는 부분에 밑줄을 긋고 내용을 요약해 보라고 했을 때, 한 아이는 중요한 핵심을 잘 찾아내어 밑줄을 긋고 내용을 적절하게 요약정리하는 반면 읽기 능력이 부족한 아이는 지나치게 많은 부분에 밑줄을 그었고 요약정리도 힘들어했다.

당연히 두 아이는 상반된 시험 결과를 보였다. 핵심을 찾아내고 요약할 수 있는 능력이 있는 아이가 그렇지 못한 아이에 비해 좋은 결과를 보인 것이다. 읽기 능력이 학습에 얼마나 큰 영향을 미치는지를 확인할 수 있는 사례이며, 실제 학습현장에서도 심심찮게 발견된다.

몇 년 전부터 우리나라에는 자기주도학습이 유행처럼 번지고 있다.

상급학교에 진학할 때도 자기주도학습능력을 평가하는 것은 물론, 학교 안에서도 스스로 공부하는 아이를 만들기 위해 많은 전문가들이 노력을 기울이고 있다. 과도한 사교육이 가지고 온 부작용을 생각하면 참으로 다행스러운 일이 아닐 수 없다.

자기주도학습은 스스로 목표를 정해서 주도적으로 학습에 참여하며 자신의 결과를 스스로 평가하는 학습방법이다. 이 모든 과정의 주체는 학습자다. 그러나 공부하고 싶은 목표가 뚜렷하고 스스로 공부하고 싶은 마음이 있는 학습자라도 교과서의 내용을 이해하지 못하거나 중요한 내용과 그렇지 않은 것을 구분하지 못한다면, 스스로 공부하는 일은 손가락으로 바위를 뚫는 것만큼이나 어려울 것이다. 또한, 자신이 무엇 때문에 교과 과정을 배우고 있는지 알지 못한 채 단순 암기식의 공부만 한다면 공부의 즐거움을 찾기도 힘들 것이다.

스스로 알아가는 즐거움을 깨우쳤을 때 참된 자기주도학습이 이루어진다. 읽기 능력이 향상되면 교실에서 배운 내용을 세상과 연결하는 힘이 생긴다. 그리고 그것을 자신의 꿈과 목표와 연결지을 수 있다면 참된 자기주도학습자로 거듭날 수 있을 것이다.

교육 전문가들은 아이들의 학업성적에 격차가 생기기 시작하는 시기를 초등학교 3학년 때라고 이야기한다. 국어 교육 전문가인 천경록 선생님은 '독서의 기능을 익히고 학습 독서가 시작되는 시기'를 초등학교 3학년부터로 규정한다. 우리나라의 초등학교 교과 과정은 읽기 능력 발달 단계를 바탕으로 이루어져 있다. 초등학교 2학년 때 읽기의 중요성에 대해서 학습하고, 3학년 때 텍스트를 읽고 내용을 요약하는 읽기를 배우기 시작한다. 4학년 이상이 되면 작가의 의도를 유추해서 읽어내고 비판하며 읽는 읽기를 배운다. 기본적인 읽기에서 의미를 읽어내는 독해로 나아가는 시기가 초등 3학년이기에, 이 시기부터 아이들의 읽기 능력의 격차는 점차 커질 수밖에 없다.

읽기 능력은 비단 국어 과목에서만 중요한 것이 아니다. 사회 과목에서도 읽기의 중요성은 매우 크다. 글자가 주를 이루는 국어 과목과 다르게 사회 과목은 지도와 그래프 등이 교과서에 등장한다. 단순하게 그래프에 그려진 숫자를 읽는 것이 아니라 그래프를 보고 본문 안의 중심 내용과 연결할 수 있는 능력이 필요하다. 교과서나 책을 읽고서 그 내용을 온전하게 이해하기 위해서는 배경지식을 활용하는 능력과 내용을 읽고 어휘를 이해하는 능력, 추론하고 예측하고 판단해서 적용하는 통합적인 능력이 필요한데, 이런 능력을 '학습을 위한 읽기 능력'이라고 한다.

학습에 반드시 필요한 읽기 능력이 현저하게 떨어지는 아이들은 몇 가지 공통된 특성을 보인다. 책을 읽기는 읽지만 더듬거리며 읽거나 책을 읽어놓고도 무슨 내용인지 이해하지 못한다. 책을 읽고는 있지만 읽는 것에 집중하지 못하고 읽은 후에 중심 문장과 중심 내용을 파악하지 못하기도 한다.

그렇다면 이제, 읽기 능력을 향상하는 방법을 몇 가지 소개해보겠다. 자녀가 초등 저학년이라면 활용해 봄직하다.

　첫 번째는 생활 속에서 다양한 독서와 직접체험을 통해 배경지식을 많이 만들어주는 방법이다. 실제적인 경험이 다양하고 많으면 더욱 좋지만, 그러기가 힘들다면 다양한 분야의 책을 폭넓게 읽는 방법을 가장 우선으로 생각해 볼 수 있다.

　두 번째는 책을 읽거나 글을 읽을 때 큰 소리로 읽는 습관을 갖도록 하고, 읽고 난 후 글의 내용을 자기 말로 요약해 보도록 하는 방법이다. 처음에는 내용을 압축하고 요약하는 것을 어려워할 수도 있지만 꾸준하게 연습을 하다 보면 읽기 능력은 물론 발표하는 능력도 향상되는 것을 볼 수 있다. 효과적인 자기주도학습을 위해, 교과서를 큰소리로 읽고 꼼꼼하게 정독하는 것은 빼놓아서는 안 되는 핵심 중의 핵심임을 기억하자.

　세 번째는 글이나 책을 읽으면서 모르는 단어를 찾아서 동그라미를 치게 하고 사전이나 컴퓨터를 이용해서 찾아보게 하는 방법이다. 시간이 오래 걸리고 힘든 방법으로 느껴질 수도 있지만 모르는 어휘를 찾아보고 정확하게 인지하고 넘어가는 이 작업을 꾸준히 하면 어휘력이 향상되고 읽기 능력도 좋아진다.

　네 번째로 글을 읽을 때 단순하게 읽고 지나치는 것이 아니라 중심단어, 중심 문장을 메모하면서 읽는 방법을 권한다. 메모하면서 한 번 더 내용을 정리할 수 있다는 장점이 있고 학습에서 반드시 동반되는 시험을 대비할 때도 큰 도움이 된다.

　위의 방법을 학습에 적용하고 꾸준히 연습할 수 있도록 돕는다면 아이의 읽기 능력이 향상되는 경험을 할 수 있을 것이다.

2장

평균 99점에 도전하는
코칭 솔루션

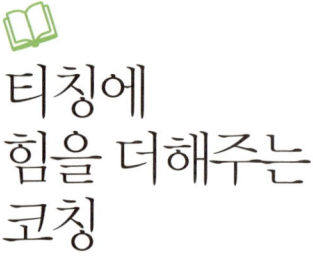
티칭에
힘을 더해주는
코칭

읽기 학습코칭에 대해 이해하기 위해서는 먼저 코칭이 무엇인지 알아야 한다.

최근에 다양한 분야에서 코칭이라는 단어를 사용하고 있는데, 코칭에 대해 정확히 알지 못하고 사용하는 경우가 종종 있다.

그동안의 교육 방법은 교수자가 새로운 지식이나 기술을 학습자에게 전달하고 학습자는 수동적으로 그것을 받아들이는 티칭(teaching)의 형태가 주를 이루었다. 하지만 앞으로의 사회는 학습자의 역할이 더욱 중요하며, 교수자와 학습자 상호 간의 소통을 중요시하는 코칭(coaching)을 효과적인 교육 방법으로 선호하는 추세이다. 공교육, 사교육 할 것 없이 많은 교사들이 티칭을 넘어 코칭 스킬을 배우고 싶어

하는 이유가 바로 여기에 있다. 그렇다면 기존의 교육방법과 달리 코칭만이 가지는 탁월함은 무엇일까? 코칭의 정의에서 그 내용을 찾을 수 있다.

한국 코칭 심리학회를 이끌고 계시는 탁진국 교수님은 그의 저서에서 코칭에 대해 다음과 같이 정의하고 있다.
'코칭이란 피코치의 성장과 발전을 위하여 잠재력을 개발하고 스스로 문제 해결 과정에 초점을 두어 수행 및 행복증진에 힘쓰게 하는 것이며, 사고를 변화시키고 스스로 변화하고자 하는 의지를 갖도록 돕기 때문에 내적 동기를 갖게 하는 효과가 있다.'
그리고 『마법의 코칭』의 저자 에노모토 히데다케가 이야기한 코칭 철학을 살펴보면 코칭이 교육현장에서 얼마나 중요한지 알 수 있다.

1. 인간은 누구나 무한한 가능성이 있다.
2. 문제의 해답은 본인 스스로 가지고 있다.
3. 무한한 가능성과 본인이 가지고 있는 해답을 찾기 위해서는 파트너가 필요하다.

히데다케에 의하면, 코칭은 첫 번째로 인간의 가능성에 초점을 맞추고 있다고 말한다. 코칭이야말로 인간을 긍정적으로 바라보는 따뜻한 시선에서 시작된다. 인간은 누구나 몸속 깊숙이 자신만의 보물을 가지고 있다. 그 보석이 빛을 발하고 그 빛으로 세상에 영향력을 미치도록 돕는 것이 바로 코칭이다.

두 번째로 문제의 해답은 본인 스스로 가지고 있다고 한다. 인간은 누구나 문제를 만나게 된다. 그 문제를 어떻게 해결해야 할지 고민하고, 답을 찾아가는 과정이 삶의 과정이라 해도 과언이 아니다. 그러나 문제를 해결할 때, 자기 자신이 원하는 것인지 스스로에게 물으며 집중하기가 쉽지 않은 것이 현실이다. 문제가 생기면 전문가에게 답을 구하거나, 내가 아닌 타인에게 의견을 묻곤 한다. 그러다 보니 정작 자신이 원하는 결론보다는 타인의 시선을 의식하여 결론을 내리거나, 다른 사람이 원하는 대로 결정하게 된다.

코칭은 상대방에게 지식과 정보를 전달하고 답을 설명해주는 것이 아니라, 스스로 답을 찾도록 질문하여 생각의 크기를 넓혀주는 역할을 함으로써 이러한 문제점을 보완한다.

세 번째로 위의 두 가지를 위해서는 파트너가 필요하다고 말한다. 아무리 훌륭한 소질을 가진 운동선수라도 그의 곁에 제대로 코칭해줄 코치가 없다면 성공하기 어려울 것이다. 객관적인 시각으로 나를 바라보고, 참된 자신을 찾기 위해서는 함께할 누군가가 필요하다. 지치고 힘들 때 위로해 주고, 목표를 향해 함께 걸어가 줄 파트너가 필요한 것이다. 현재의 상태를 객관적으로 파악하고, 함께 목표를 정하며 선수가 가지고 있는 역량을 최대한 발휘하도록 에너지를 끌어 올리는 것이 코치의 역할이다. 코치는 때로는 친구나 동료가 되기도 하고, 부모나 선생님이 되기도 하며, 보호자가 되기도 하는 파트너. 코칭은 코치와 피코치인 학생이 서로 수평적인 관계를 맺고 파트너십을 발휘하기 때문에 학생들의 변화를 이끄는 데 탁월함을 발휘한다. 인간의 행동은 조언과 충고로 변화되지 않는다. 거울에 비춰 보듯이 자기 스

스로를 바르게 바라보도록 조력할 때 마음 깊은 곳에서 변화의 욕구가 샘솟게 되는 것이다

읽기 학습코칭은 읽기 능력을 향상시키는 방법을 가르치는 것에 그치지 않는다. 스스로 읽기 학습능력의 문제점을 찾도록 돕고 읽기에 대한 동기를 높여주어 즐겁게 읽을 수 있도록 해주기 때문에 읽기 능력을 향상시키는 데 더욱 효과적이다.

다음 장에서는 구체적인 변화를 이끌어 내는 코칭 스킬에 대해 이야기해보도록 하겠다.

성적이 달라지는 코칭, 네 가지 비밀

마음을 무장해제시키는 놀라운 힘. 경청

   청소년을 코칭할 때 가장 중요한 것이 무엇인지 묻는다면 나는 '좋은 관계를 맺는 일'이라고 말하고 싶다. 코치와 피코치 사이의 신뢰가 코칭의 성공과 실패를 좌우한다고 해도 과언이 아니다. 서로의 신뢰를 쌓아가기 위해서는 좋은 관계를 갖는 것이 필수이다. 좋은 관계를 맺기 위해서는 다음과 같은 스킬이 필요하다.
   코칭 스킬의 가장 큰 핵심은 상대의 말을 잘 들어주는 '경청'이다. 경청이 상대방의 말을 잘 들어주는 것이라는 것은 모두 알고 있지만, 일상에서 실천하기는 쉽지 않다. 나의 관심사에서 벗어난 이야기를 집중해서 들어주는 일이 얼마나 피곤하고 힘든 일인지, 경험해 본 사람이라면 잘 알고 있을 것이다. 그럼에도 잘 들어주는 일은 읽기 학습 코치라면 꼭 가지고 있어야 할 중요한 기술이다.

말 잘하는 사람들의 특징은 본인이 하고 싶은 말을 하는 것이 아니라 상대방이 듣고 싶은 말을 해준다는 것이다. 상대방이 무슨 말을 듣고 싶어 하는지 알기 위해서는 내 말을 멈추고 상대의 목소리에 가만히 귀 기울여야 한다.

코칭이 티칭과 다른 점은 스스로 행동의 변화를 이끌고 성장하게 하는 것에 목표를 두고 있다는 점이다. 코치가 이끄는 대로 잘 따라오는 아이가 아니라, 스스로 방법을 찾는 아이가 되도록 함께 하는 것이 필요하다. 말처럼 쉽지 않다고 자책하지 말고, 아래의 세 가지를 기억해보자. 조금씩 실천하다 보면 피코치와의 거리가 바짝 가까워질 것이다.

첫째, 온몸으로 들어주자.

피코치의 반응을 보지 않고 본인이 전달하고 싶은 정보만 전달하고자 노력하지 말고 피코치가 이야기할 기회를 만들어 주자. 때로는 가까운 길을 멀리 돌아가는 느낌이 들겠지만, 마음의 여유를 가지고 피코치의 관심사에 귀 기울이다 보면 서로의 관계가 편안해지고, 코칭의 목적을 명확히 하는 데도 좋은 영향을 미칠 것이다. 진심은 입에서 나오는 말보다는 눈빛이나 행동을 통해 더 많이 전달되는 법이다.

둘째, 맞장구를 치자.

정답이 보여도 절대로 섣부르게 조언하지 말자. 대부분 읽기 코칭을 받는 대상은 청소년이기 때문에 자칫 잘못하면 섣부르게 조언과

훈계를 하는 실수를 하기 쉽다. 섣부른 조언을 조심하면서 아이의 입장에서 들어주는 연습을 하자. 아이 말에 맞장구를 치며 아이와 한편이 되어보자. 내가 아는 답은 나에게만 정답일 뿐 아이에게는 정답이 아니다. 아이와 한팀이 되는 멋진 코치가 되는 법, 바로 경청에서 시작된다.

셋째, 집중해서 들어주자.

하던 일을 멈추고 피코치의 행동과 말속에 들어있는 감정에 집중하자. 적극적인 경청은 어려운 일이지만 집중해서 들어주는 일은 좋은 관계를 열어주는 열쇠가 될 것이다.

행동변화를 이끄는 질문의 힘

코칭에서 강력한 실행력을 이끌어 내는 것은 적절한 질문이다. 질문은 경청 다음으로 중요한 스킬이다. 피코치가 스스로 문제를 발견하고 해결방법을 알아가는 과정에서 코치의 질문이 커다란 영향력을 발휘하기 때문이다. 그렇다면 읽기 학습코칭 현장에서 질문은 어떠한 힘을 발휘하는가?

첫째, 질문은 스스로 생각하게 한다.

학습능력이 부족한 아이들은 스스로 생각하는 것을 힘들어한다. 이미 누군가가 알려준 정답을 기계적으로 외우는 것에 익숙해져 있기 때문이다. 그러나 이런 방법은 상급학교로 갈수록 많아지는 정보량을 감당할 수 없게 되어 금방 공부에 어려움을 느끼게 한다. 아이들이 모르는 어휘를 질문하거나, 중심 생각을 찾아내는 것을 어려워한다면 곧바로 답을 알려주지 말고 아이에게 한 번 더 생각할 기회를 주자. '너는 이 단어가 무슨 뜻이라고 생각하니?' '혹시 이전에 비슷한 이야기를 들어 본 적은 없니?' '네가 알 수도 있는 말인데…. 예전에 ○○에서 이런 말을 사용하기도 했지.' '네 말로 풀어서 말해보자, 지금 읽은 말들은 뭘 말하고자 하는 것일까?' 누군가에게 질문을 받으면 사람은 생각을 하게 된다. 아이들의 생각을 열어주는 힘이 바로 질문 속에 있다. 둘째, 질문에는 문제 해결 능력을 키우는 힘이 있다. 인간은 참으로 무한한 가능성을 가지고 있는 존재다. 과거에 성공한 경험을 떠올리게 하거나, 그 문제를 해결하기 위해 스스로 실천할 일이 무엇인지 누군가 물어봐 주기만 한다면 내 안에 있는 답을 스스로 찾을 수 있는 잠재력이 있다. 특히, 읽기 학습코칭 현장에서 꼬리에 꼬리를 무는 질문 방법은 창의적인 아이를 만드는 데 도움이 된다. 떠오르는 것들을 자유롭게 말하게 하고, 그 이유를 생각해 보도록 질문을 해 주면 무의식 속에 잠재된 능력들이 수면 위로 모습을 드러낼 것이다. 셋째, 스스로 찾은 답은 실행력을 높인다. 사람은 누구나 자기 스스로 찾아낸 대안을 행동으로 옮기고 싶어 한다. 교사나 학부모가 찾아준 정답은 학생입장에서는 매력적이지 않다. 본인이 궁금한 점을 찾아내고 그 질문의 답을 찾았을 때의 기쁨을 경험해 본 사람은 알 것이다. 인간은 본능적으로 배우는 즐거움을 누리고 싶어 한다. 그러나 많은 부모들은 어떻게 했는가? 아이들이 궁금해할 때를 기다리지 못하고, 서둘러 많은 것들을 알려주려 함으로써 아이들에게서 배우는 즐거움을 빼앗았다. 그것이 바로 내 모습은 아닌지 반성해 봐야 할 것이다.

질문은 일상생활에서도 활용할 수 있다. 누군가의 행동에 변화를 주고 싶다면 질문을 해 보자. 지금 하고 있는 일이 너에게 왜 중요한지, 다른 방법을 생각해 본 적은 있는지, 변화되면 어떤 점이 좋을 것 같은지, 지금 하고 있는 행동 때문에 불편하고 힘든 점은 없는지. (단, 경청과 질문의 비율은 8:2 정도가 가장 바람직하다.) 가능하면 긍정적인 정서를 갖도록 질문하는 것이 좋다. 가령, "너 오늘 학교에서 친구들과 안 좋은 일은 없었니?"라고 묻는 것과 "오늘 학교에서 즐거운 일은 없었니?"라고 물어보는 것은 어떠한 차이가 있을까? 언뜻 같은 질문으로 보이지만, 질문을 받는 아이에게는 서로 다른 작용을 한다. 만약 앞의 질문을 듣는다면 친구들과 있었던 좋지 않은 기억들이 떠오를 것이고 잊고 있었던 부정적인 감정들이 수면으로 올라오게 될 것이다. 또한 질문에서 조심해야 할 것이 더 있다면 "왜?"라는 물음으로 추궁받는 느낌이 들게 하거나, "예, 아니요"로 대답할 수 있는 닫힌 질문은 피해야 한다. 코칭 대화는 교육 현장에서뿐만 아니라 일상에서 좋은 관계를 만드는 데에도 도움이 된다. 잘 들어주고 상대방에게 적절히 물어봐 주는 당신이라면, 어느 장소에서 누구를 만나더라도 좋은 관계를 만드는 멋진 사람으로 기억될 것이다.

인정과 칭찬

사람은 누구나 인정받고 칭찬받기를 원한다. 누군가 나를 믿어주고 지지해 주는 것을 알게 되면, 바른 행동을 하고자 노력하는 마음이 생긴다. 김춘수님도 유명한 시 「꽃」에서 말하지 않았는가, 내가 이름을 불렀을 때 그가 나에게 와서 꽃이 되었다고. 이름을 불러 줄 때 비로

소 꽃에 의미가 부여되는 것처럼, 그 사람의 있는 그대로의 모습을 인정하고 칭찬해 주면 그는 스스로 의미 있는 사람이 되려고 노력하게 된다. 인정과 칭찬이 변화의 욕구를 불러일으키는 것이다. 이렇듯 인정과 칭찬은 경청, 질문과 더불어 타인을 변화시키는 코칭 스킬 중에 빼놓을 수 없는 요소이다. 칭찬은 고래도 춤추게 한다고 했다. 칭찬을 많이 해주는 것이 좋다는 의미로 이야기들 한다. 하지만 무조건 칭찬만 할 것이 아니라, 좀 더 효과적인 칭찬 방법에 대해 고민할 필요가 있지 않을까. 정말 성숙한 사람은 누군가에게 칭찬이나 독려를 받았다고 마음속에만 있던 일을 행동으로 옮기려 하지 않기 때문이다. 칭찬하면 고래도 춤춘다는 말이 틀린 말은 아니지만, 잘못된 칭찬은 '박수를 쳐야만 춤추는 고래'를 만들기도 한다. 약이 되는 칭찬, 효과적인 칭찬이란 어떤 칭찬일까?

첫째, 있는 모습 그대로 칭찬하자. 과장하지 말자. 꽃병을 그린 아이를 칭찬한다고 가정해 보자. "대단하다! 세계 최고야. 너무 멋진걸? 넌 피카소보다 소질이 있어."라고 칭찬한다면 아이는 어떠한 마음이 들까? 자기 스스로 생각하고 있는 것보다 과하게 칭찬받은 탓에 다시 그림 그리는 걸 망설이게 될지도 모른다. 유치원에 다니는 열 명의 아이들을 각각 다섯 명씩 두 개 조로 나누어서 장난감 방에 들여보내고 아이들이 좋아하는 고무찰흙으로 뭔가를 만들도록 했다. 이때 A그룹의 아이들에게는 완성 후 잘 만든 아이에게 상을 주기로 약속하였고, B그룹 아이들에게는 아무 약속도 하지 않았다. 한 시간 후 완성된 작품을 보고 약속대로 A그룹에 속해있는 아이들에게 선물을 주었다. 일주일 후에 그들을 다시 불러 고무찰흙을 주고, 아무 선물도 약속하지 않았을 때 아이들이 고무찰흙에 얼마나 흥미를 느끼는지 지켜보았다. 그런데 처음 실험에서 선물을 받은 아이들 대부분이 고무찰흙 놀이에 별로 관심이 없었다고 한다. 반면, B그룹의 아이들은 선물의 여부와 상관없이 고무찰흙 놀이에 관심을 보였다. 잘못된 칭찬은 칭찬받은 사람을 부담스럽게 만들고, 본래의 즐거움마저도 빼앗아 버릴 수 있는 것이다. 꽃병을 그린 아이를 칭찬할 때 "보라색 꽃병을 그렸구나."라고 있는 그대로 바라봐 주는 것이 인정이고, 가장 좋은 칭찬이다. 둘째, 즉시, 구체적으로 칭찬해보자. 바람직한 행동을 하거나 뭔가 노력하는 모습이 보인다면 그 자리에서 바로 칭찬하자. 지나간 일을 칭찬하는 것은 효과가 없다. 지금 행동한 긍정적인 행동이 타인에게 어떻게 좋은 영향을 줬는지 구체적으로 말해 주는 것이 좋다. 코칭 현장에서 아이들은 생각지도 못한 창의적인 발상으로 나를 놀라게 하기도 한다. 교과서를 읽다가 전혀 다른 관점으로 내용을 해석하기도 하고 작은 약속의 실천으로 나에게 보람을 안겨줄 때도 있다. 나는 가능한 즉시 그 자리에서 칭찬해 주려고 노력하는 편이다. 칭찬하는 본인에게 아이의 행동이 어떤 감정을 주는지 말해주면 더 좋다. 착하다거나, 예쁘다거나, 머리가 좋다고 칭찬하는 것은 금물이다. 셋째, 사람들이 있는 곳에서 칭찬해 보자. 또래 친구들과 함께 수업을 진행한다면 친구들 앞에서 칭찬해 주자. 또래의 긍정적인 행동에 대한 긍정적 피드백은 다른 아이들에게도 좋은 영향을 미칠 뿐 아니라, 칭찬받는 아이의 자존감을 높이는 데 도움을 줄 것이다.

읽기 학습코칭의 세상 속으로

1장에서 우리는 읽기의 정의를 살펴보았다. 읽기 능력은 학습 상황에서 많은 영향을 미치는 중요한 요인이며 반드시 점검해야 할 필수 조건이라는 것은 앞서 여러 번 강조했기 때문에 독자들도 이미 잘 알고 있을 것이다. 그렇다면 이번 장에서는 이 책에서 이야기하고자 하는 읽기 학습코칭이란 무엇인지 이야기하려고 한다.

읽기 학습코칭은 읽기 능력이 부족한 학생을 돕기 위한 교수 방법 중 하나다. 읽기 학습코칭의 목적은 잠재된 읽기 능력을 찾아내고, 그것들이 발현될 수 있도록 도와서 읽는 즐거움을 돌려주는 것이며, 읽기 동기를 높여서 읽고 싶은 마음을 찾아내고, 효과적으로 읽도록 시범을 보이며 격려하는 과정이라고 볼 수 있다. 학생들은 독서의 중요성과 교과서 위주로 공부하는 것이 학업 성취도 향상에 많은 도움이 된다는 것을 익히 들어서 잘 알고 있다. 그러나 자기주도적으로 그것을 실천하는 일은 쉽지 않다. 기존의 교수 방법처럼 강압적이고 권위적인 전달 방법 역시 변화를 이끌어 내는 데는 한계가 있다. 이러한 문제점을 보완하고 읽기 학습능력을 키우기 위한 효과적인 교수 방법이 바로 코칭인 것이다.

읽기학습코칭은 교사가 코치가 되어 피코치가 읽기 동기를 발현하도록 돕고, 피코치가 학습에 대한 의지가 있음을 인정해 주며, 연습을 통해 읽기의 즐거움을 맛볼 수 있도록 도움을 주는 것이다. 또한 좀 더 효과적으로 읽는 방법을 시범을 통해 보여주거나, 스스로 목표를 정해 꾸준히 실천할 수 있도록 독려하는 활동이다.

아이에게 읽기 코칭이 필요하다고 해서 아무에게나 그 일을 맡길 수는 없을 것이다. 선무당이 사람 잡는다는 말처럼, 읽기 코칭에 대한 전문적인 이해 없이 코칭을 시도하는 것은 오히려 역효과를 불러올 수도 있기 때문이다. 그렇다면 읽기 학습코칭 지도사가 갖춰야 할 태도에 대해 알아보자.

첫째로 긍정적인 시각과 열정을 가지고 있어야 한다. 읽기 능력이 부족하여 코칭 받고자 하는 대상들은 학업 성취도가 낮은 경우가 많다. 부정적인 피드백에 길들어 온 탓에 스스로 생각하는 본인의 모습을 긍정적으로 그리지 못한다. 또한, 이미 많은 실패를 경험해 보았기 때문에 새로운 도전에 대해 부정적인 생각을 하는 아이들이 대부분이다. 이러한 부정적인 생각들은 태도로 나타나기도 한다. 과제를 잘 수행하지 않거나, 의도적으로 버릇없이 굴거나, 공부하기를 거부하며 거칠게 행동할 수도 있다. 코치는 그들의 문제를 바라보는 것이 아니라 그 문제의 원인을 바라볼 줄 아는 긍정적인 시각을 갖추어야 한다. 심리학자 로젠탈의 기대감에 관한 실험을 예로 들면, 교사가 사전에 성취도가 높을 것으로 기대하고 수업에 임했던 그룹과 성취도가 낮을 것이라는 잘못된 사전정보를 듣고 전혀 기대하지 않은 채 지도했던 또 다른 그룹을 비교해 봤을 때 실제로 교사의 기대감이 학생들의 성취도를 높이는 데 영향을 미쳤다고 한다. 일종의 피그말리온 효과이다. 코치의 긍정적인 기대감이 긍정적인 피코치를 만든다. 둘째, 관계를 중요시하며 꾸준히 인내해야 한다. 학창시절 유난히 성적이 좋았던 과목들을 떠올려 보자. 선생님과의 관계가 좋았던 과목이 아니었나? 성적도 좋았던 것을 기억할 것이다. 가르치는 내용보다 관계 맺기가 더 중요한 이유다. 그만큼 교사와의 관계가 학업에 많은 영향을 미친다. 좋은 관계를 유지하기 위해 노력하며 꾸준한 열정을 유지한다면 피코치의 긍정적인 변화를 만나는 기쁨을 맛보게 될 것이다. 셋째, 지식을 전달하는 것이 아니라 모델이 되어주어야 한다. 뒷장에서 읽기 학습능력을 향상시키기 위한 다양한 방법을 배우게 될 것이다. 그러나 이 책에서 배운 지식들을 그대로 학생들에게 전달하는 것은 별 도움이 되지 않는다. 코칭을 할 때는 이론적인 지식은 최대한 간략하게 설명하고, 함께 시연해 보는 것이 중요하다. 평소의 수업 모습은 어떠한가? 대부분 교사가 많은 말을 한다. 칠판 가득히 판서하거나 한 시간 내내 본인이 준비한 내용을 학생들에게 전달할 뿐이다. 교실 안에서 아이들은 배움의 중심에서 소외되어 있다. 심지어 엎드려 잠을 청하는 아이들도 있다. 하지만 수업의 주인공은 학생이다. 읽기 학습코칭 현장에서는 아이들이 중심이 되어야 하며, 코치는 보조자이자 안내자 역할을 해야 한다. 넷째. 진심을 전달하는 것이 먼저다. 웰튼 아카데미를 배경으로 만들어진 영화 '죽은 시인의 사회'를 기억하는가. 1950년대, 전통을 중요시하는 남자학교에 발령되어 시와 문화를 가르치는 영어교사의 이야기이다. 로빈 윌리엄스가 분한 키팅 선생님은 보수적이고 억압적인 교육을 받고 있는 학생들에게 영감을 주며 '카르페 디엠' 정신을 알려주는 진정한 스승이자 멘토였다. 학교의 방침에 어긋나는 교육을 했다는 이유로 학교를 떠나게 되는 그의 마지막 장면은 많은 사람들의 뇌리에 강렬하게 남아있을 것이다. 키팅 선생님을 향해 '월터 휘트먼'의 시 제목을 외치며 학생들이 한 명씩 책상에 올라가 경의를 표하는 장면이다. '오, 캡틴! 나의 캡틴!' 키팅 선생님은 웰튼 아카데미를 졸업한 선배였다. 그는 진심으로 후배이자 제자인 학생들을 사랑했고, 삶의 가치를 알려주기 위해 노력했다. 키팅 선생님 같은 코치가 되어 진심을 전달한다면, 아이들은 스스로의 문제를 찾아서 해결하려는 능력을 발휘할 것이다.

3장

읽기 부진을 해결해야 공부가 잡힌다

읽기 부진아
vs 읽기 장애아

지금까지 코칭이란 무엇이며, 읽기 학습을 돕는 코치의 역할이 무엇인지에 대해서 살펴보았다. 이제 본격적으로 읽기 학습에 대해 좀 더 깊이 있는 이야기를 나누어보자.

현장에서 아이들을 코칭하다 보면 공부에 대한 동기나 의욕이 부족한 아이들도 있지만, 동기나 의욕이 충만한데도 실제적인 학습에 어려움을 겪는 아이들도 생각보다 많이 만나게 된다. 학습에 어려움을 겪는 아이들 중 대다수가 겪는 문제는 읽기 능력의 결여로 생기는 읽기 학습부진이다. 난독증과 같은 읽기 장애 수준의 아이들도 있지만, 대부분의 읽기 학습부진은 읽기 능력을 향상시켜주는 적절한 지도를 통해 교정할 수 있다.

읽기 부진이란, 읽을 수 있는 잠재능력을 갖추고 있으면서도 그 능력을 다 발휘하지 못하는 상태를 말한다. 따라서 정상적인 지능지수임에도 불구하고 신체적인 요인이나 학습의 결손으로 인해 읽기 능력이 일정한 기준에 도달하지 못한다면 읽기 부진아로 보아야 한다.

읽기 부진을 한 번에 해결할 수 있는 만병통치약은 없다. 다만 코치와 부모가 관심과 애정으로 아이들을 대하고 아이들 스스로가 자신이 가치 있는 존재라 느낄 때 변화가 시작된다는 것만은 자명한 사실이다. 어휘력도 부족하고 문장을 읽어내는 능력도 서툰 아이들이 긴 텍스트를 읽어내고, 그 의미를 파악하고 추론하기는 매우 어려운 일이다. 읽기 부진 아이들에게는 문단이 짧거나 문장이 많지 않은 텍스트가 도움이 된다. 그림책이나 짧은 동화는 읽기 부진 아이들의 읽기 능력을 향상시키고 읽기에 익숙하지 않은 초보 독서가에게 읽기 습관을 길러줄 수 있는 좋은 도구다. 동화를 활용한 읽기 향상 방법은 뒷부분에서 좀 더 구체적으로 다루어보겠다.

일반적인 읽기 부진의 단계보다 조금 더 심각성을 보이는 경우 읽기 장애라고 명명하기도 한다. 읽기 장애는 학습장애의 한 부분으로, 학습장애를 겪는 학생의 80~90%는 읽기 장애를 가지고 있다는 연구기록이 있을 만큼 읽기와 학습은 밀접한 연관이 있다. 읽기 장애 아이들의 특징은 문장을 읽을 때 한두 단어를 빠뜨리고 읽거나 텍스트에 기록되어 있지 않은 단어를 자기 임의로 추가해서 읽기도 하고, 또는 단어를 거꾸로 읽기도 한다는 것이다.

읽기 장애의 특성을 7가지 정도로 구분해 놓은 논문(이병서,『ICT를 활용한 언어학습이 학습 장애아동 낱말 읽기 향상에 미치는 효과』(2004))에 따르면 다음의 7가지 특성에 해당하는 경우를 읽기 장애로 볼 수 있다.

첫째, 읽기 자료를 읽을 때 단어나 단어의 일부를 생략한다. 둘째, 교재에 없는 말을 추가한다. 셋째, 어떤 단어 대신에 다른 단어를 대치시킨다. 넷째, 단어와 문장을 반복하여 읽는데, 특히 문장 가운데서 모르는 단어를 접하면 계속해서 읽어나가지 못하고 읽은 단어나 구를 되풀이하여 읽는다. 다섯째, 자신이 읽는 단어에 음을 첨가하거나 생략한다. 여섯째, 단어의 앞뒤 글자를 바꾸어 읽는다. 일곱째, 읽기 자료에서 오류를 범하며 특히 읽을 수 없는 단어를 슬쩍 빠뜨리고 빨리 읽어 나간다.

즉, "나는 친구들과 소풍 가는 것을 좋아한다."라는 문장을 읽을 때, 읽기 장애를 가지고 있는 아동들은 "나는 과 친구 는가 소풍을 다한 좋아." 등과 같이 실제 문장과 다르게 읽어 내려가는 현상을 보이기도 한다. 전형적인 난독증의 증상이다. 난독증을 앓고 있는 아이들은 지속적인 문자습득 교육은 받았으나 글자를 제대로 인지하고 읽어내지 못한다. 간혹 읽기 장애를 보이는 아동 중에는 뇌의 손상이나 지능의 저하로 읽기 장애가 수반된 경우도 있으나 모든 읽기 장애가 뇌 기능의 손상으로 오는 것은 아니다. 그러나 아이가 난독증 증상을 보인다면 뇌 손상 등의 원인 탓은 아닌지 전문가의 진단을 받아 볼 필요가 있다. 난독증과 같은 읽기 장애를 방치하거나 치료시기를 놓쳐 버리면 후에 학습결손과 학습장애로 귀결되어 전반적인 학업 성취율의 저하를 가져올 수 있다. 학습장애는 부모님의 영향으로 나타나기도 한다. 부모님의 관심이 부족하거나 읽기 장애에 대한 지식이 부족한 경우, 읽는 것에 대해 노력하지 않는다는 질책이나 억압을 받아 심리적인 상처까지 동반되는 경우도 종종 있다. 읽기 장애는 개인의 노력부족으로 생기는 장애가 아니며 전문가의 도움을 통해 치료가 필요한 장애이다. 간혹, 읽기 장애를 가진 저학년 아동들 중에서 지능지수가 평균보다 높은 아이들은 고학년이 될 때까지 읽기 장애 유무를 판별하기 어려운 예도 있으니 평상시 아이들의 독서상태나 읽기 학습 환경 등에 대한 부모님의 절대적인 관심이 필요하다.

읽기 부진과 읽기 장애를 구분하는 기준을 구체적으로 살펴보면, 중증읽기 장애, 읽기 장애, 읽기 지진, 읽기 부진, 읽기 기능부족 이상 다섯 단계다. 읽기 중증장애는 난독증이나 학습장애와 같은 개념으로 통용되며 읽기 능력이 평균보다 2~3년 이상 뒤처지고 특수적인 치료와 교육이 요구되는 질병의 범주로 보아야 한다. 읽기 장애는 읽기 능력 수준이나 지능이 또래보다 상당 부분 낮은 경우를 보이고 읽기 능력 또한 2~3년 이상 뒤처져 있어 읽기 중증장애와 마찬가지로 특수적 치료가 병행되어야 하는 경우이다. 읽기 지진은 읽기 능력은 평균 연령보다 낮지만 뒤처진 정도가 1~2년 정도로, 교정적 치료를 통해 접근할 수 있다. 읽기 부진과 읽기 기능부족은 평균보다 읽기 능력이 1년가량 뒤처져 있다. 일반적 수준의 읽기 능력을 갖추고 있으며 선천적인 결함 없이 학습에 대한 잠재력은 가지고 있지만 다양한 학습요인의 부족으로 최소한의 학업성취에 미달하는 경우로 볼 수 있다.

읽기 장애와 읽기 부진의 원인은 선천적인 요인과 후천적인 요인으로 구분할 수 있다. 중증 읽기 장애와 읽기 장애, 읽기지진은 선천적인 요인으로, 읽기 부진, 읽기기능부족은 후천적인 요인으로 본다. 읽기 부진과 읽기 기능부족은 우리가 다루고자 하는 읽기 학습코칭을 통해서 충분히 개선될 수 있다. 반면에 선천적인 요인인 읽기 장애와 읽기 지진은 치료적 독서, 전문가의 심화된 진단과 개입으로만 치료가 가능하다. 그러나 읽기 장애와 읽기 부진을 쉽게 이분법으로 구분 짓는 것은 매우 조심스럽고 어려운 일이다. 아이의 증상을 섣불리 속단하지 말고, 전문가의 숙련된 경험에 의존하는 것이 가장 바람직하다.

이번 장에서는 읽기 부진과 읽기 장애란 무엇인지, 읽기 장애를 구분 짓는 기준과 읽기 장애의 특징은 무엇인지에 대해서 살펴보았다. 다음 장에서는 읽기 부진의 의미와 특징에 대해서 좀 더 구체적으로 살펴보도록 하겠다.

읽기 장애의 특성

주요특성	내용
누락	읽기 자료를 읽을 때 단어나 단어의 일부를 생략한다.
삽입	교재에 없는 말을 추가한다.
대치	어떤 단어 대신에 다른 단어를 대치시킨다.
반복	단어와 문장을 반복하여 읽는데, 특히 문장 가운데서 모르는 단어를 접하면 계속해서 읽어나가지 못하고 읽은 단어나 구를 되풀이하여 읽는다.
음의 생략 or 첨가	자신이 읽는 단어에 음을 첨가하거나 생략한다.
반전	단어의 앞뒤 글자를 바꾸어 읽는다.
속독과 부정확한 읽기	읽기 자료에서 오류를 범하며 특히 읽을 수 없는 단어를 슬쩍 빠뜨리고 빨리 읽어 나간다.

출처 : 이병서,『ICT를 활용한 언어학습이 학습 장애아동 낱말 읽기 향상에 미치는 효과』(2004)

읽기 부진을 해결하는 읽기 코칭

읽기 학습코칭을 진행하기 위해서는 읽기 능력의 수준을 어떻게 평가할지 고민해 보아야 한다. 과거에는 읽기 장애와 읽기 부진이라는 명칭을 큰 구분 없이 사용하기도 했다. 그러나 최근에는 읽기 장애를 진단하는 기준이 구체화 되어가는 추세다. 아동이 공교육 안에서 교육 내용과 교과 과정을 얼마나 잘 수행하고 따라갈 수 있는가를 평가의 잣대로 삼기도 한다.

　읽기 부진의 정도를 파악하기 위해서는 해당 학년의 교과서를 읽어보게 하는 것이 좋다. 해당 학년의 교과서에는 그 또래라면 알아야 할 어휘들과 이해 가능한 내용이 들어 있기 때문이다.

　코칭으로 만났던 초등학교 3학년 민수는 읽기 부진아였다. 읽기 능력이 평균보다 뒤처져서 학습에 대한 흥미가 많이 떨어져 있었고 부정적인 피드백에 익숙한지 자신감도 부족해 보였다. 교과서 한 페이지를 정하고 읽어보게 했더니 문장을 매끄럽게 읽지 못하고 더듬거렸다. 읽은 내용을 기억해서 본인의 말로 설명하는 과제도 매우 어려워했다. 전형적인 읽기 학습부진의 모습이다. 배경지식이 부족하고 읽기 능력도 떨어지는 민수가 읽기에는 3학년 교과서의 내용이 어려워 보였다. 이번에는 교과서 대신 집에 있던 그림책 중에서 글자 수가 적은 그림책을 꺼내와 다시 읽어보도록 했다. 교과서를 읽을 때보다 훨씬 큰 소리로 책을 읽어냈다. 글자 수가 적어서 심리적인 부담감을 덜 느끼는 듯했다. 평소에 독서를 많이 하느냐고 물었더니 민수는 독서에 흥미가 없다고 말했다. 예상대로였다. 책을 읽는 능력이 또래들보다 뒤처져 있음을 스스로도 느끼고 있었다. 수업시간에 더듬거리며 책을 읽다가 친구들에게 놀림거리가 된 후로는 다른 사람 앞에서 글을 읽는 것에 두려움을 갖게 되었다는 고백도 들려주었다. 우리는 일주일에 한 권씩, 민수가 마음에 들어 하는 그림책을 정하고 그 책을 잘 읽어낼 수 있을 때까지 큰 소리로 읽는 연습을 하기로 약속했다. 그렇게 책을 읽는 연습을 지속적으로 시행하는 것만으로도 얼마 뒤 민수의 더듬대며 책 읽는 문제가 다소 해결되었다.

　민수의 예에서 알 수 있듯이 읽기 부진은 학습부진과 밀접한 연관이 있어서 읽기 부진을 읽기 학습부진이라 하기도 한다. 읽기 부진에는 신체적 요인, 인지적 요인, 정서적 요인, 환경적 요인, 교육적 요인, 가정과 사회적 요인 등 다양한 원인이 있고 원인에 따라 지도 방법도 달라진다.

자존감과 효능감이 부족해 읽기 부진을 유발하는 예도 있다. 자존감과 효능감은 매번 새로운 도전 상황에 놓이게 되는 아이들에게는 매우 중요한 요소이다. 자존감이 떨어져 있는 아이들에게는 자존감을 향상하는 지속적이고 긍정적인 피드백이 필요하다. 또한, 스스로 읽어내는 기쁨을 맛보고 성취감을 느끼도록 해주어야 한다. 너무 어려운 내용을 읽히거나, 본인의 능력으로 해낼 수 없는 과제를 계속해서 제시한다면 아이들의 읽기 효능감은 영원히 높아지지 않을 것이다. 코치는 약간의 도전적인 과제와 목표를 제시하여 피코치의 자존감과 효능감을 향상시키도록 도와야 하며, 늘 긍정적인 관점으로 피코치를 바라보도록 노력하는 것이 중요하다.

지능지수가 또래보다 떨어지거나 배경지식이 부족한 경우는 인지적 요인으로 본다. 어휘력이나 독해에 어려움을 겪는 언어적인 요인도 인지적 요인의 한 부분으로 본다. 시력이 또래보다 많이 떨어져서 읽기에 어려움을 겪는 경우라면 신체적 요인으로 볼 수 있다. 이런 경우는 당연히 신체적인 손실을 보완해주어야 한다. 시력의 문제라면 안과 검진을 통해 시력을 교정하거나 치료해야 한다. 청력의 문제나 영양상의 문제로 읽기 부진을 겪는 경우도 마찬가지다. 이러한 신체적인 요인이 계속되면 심리적인 문제를 유발하는 경우도 많으니 우선 신체적 문제를 해소하는 것이 읽기 학습을 변화시키는 데에 가장 효과적인 길이다.

정의적인 요인으로는 동기부족이나 집중력 부족을 들 수 있다. 의욕이 없는 학생은 학습에서도 좋은 성취결과를 보이기 힘들다. 마찬가지로 읽기에 대한 습관이나 태도가 형성되지 못하면 읽기 학습부진으로 이어진다. 또한 가정과 사회, 교육환경 등의 여건이나 교육의 질이 읽기 학습부진을 유발하기도, 읽기 학습에 긍정적인 영향을 미치기도 한다. 따라서 책을 읽을 수 있는 장소나 시설, 읽을거리의 적절한 제공 등을 통해서 읽기 학습부진이 개선되거나 예방될 수 있음을 기억하고 적절한 읽기환경을 제공할 수 있도록 가정과 학교와 사회가 함께 노력해야 한다.

위에서 살펴본 바와 같이, 읽기 학습코칭으로 접근과 도움이 가능한 경우는 인지적, 정의적 요인과 교육적 요인이다. 교육적 요인은 수준에 맞는 읽기텍스트를 제공하거나 교사의 능력 등에 의해 해결할 수 있다. 반면에 신체적 요인이나 가정, 사회적 요인은 읽기 학습코칭으로 개선하기는 힘들다. 신체적 요인은 전문적인 의료기관의 도움을 받아야 하는 경우가 많고, 가정, 사회적 요인도 코치의 역량만으로 단시간에 변화를 기대하기에는 구조적인 어려움이 산재해 있다.

읽기 학습코칭으로 개선이 가능한 읽기 학습부진아의 특징을 좀 더 구체적으로 살펴보자.

첫째, 읽기 학습부진아는 글을 읽을 때 집중할 수 있는 시간이 현저하게 짧다. 책을 읽기는 하지만 잠시뿐이고 곧 다른 것에 관심을 기울인다. 산만하기 때문에 책을 읽는다고 하더라도 기억에 남는 것이 거의 없다.

둘째, 새로운 과제를 수행할 때 어려움을 겪는 경우가 많다. 어떤 일을 할 때 그것을 자연스럽게 받아들이는 데 어려움을 겪는다. 동일한 패턴의 학습을 할 때도 조금만 내용이 바뀌거나 응용이 필요한 상황에 놓이면 낯설게 느끼고 그것을 수행하기까지 오랜 시간이 걸린다.

셋째, 추상적인 사고에 어려움을 겪는다. 사건의 인과관계, 글의 논리적인 구성과 전개를 이해하는 능력이 부족하다. 따라서 이야기의 구성과 순서 등을 제대로 이해하지 못한다.

넷째, 언어적인 표현능력이 부족하고 유창하게 말하는 능력이 떨어지는 경우가 많다. 즉 자기 생각과 경험을 말로 표현하는 능력이 부족하다.

다섯째, 읽는 것에 대한 호기심이나 학습 동기, 읽기에 대한 의욕이 부족하다.

이러한 읽기 학습부진아들의 특성은 타고나는 선천적인 요인보다는 읽기환경에 적절하게 노출되지 못했거나, 잘못된 읽기습관, 읽기에 대한 잘못된 고정 관념 등에 의해 생기는 경우가 대부분이라서 충분하게 교정될 수 있다.

다음 장에서는 읽기 학습코칭으로 능력이 향상되었던 사례를 이야기해보겠다.

읽기 부진아 체크리스트

내용	YES	NO
글을 읽을 때 더듬거리며 읽는다. (낭독유창성)		
문장을 읽을 때 지문에 없는 내용을 읽는다. (낭독유창성)		
읽은 문장을 다시 물어보면 기억하지 못한다. (회상능력)		
지문에 있는 내용을 읽지 않고 지나친다. (낭독유창성)		
읽은 글의 내용을 제대로 파악하지 못한다. (회상능력, 이해능력)		
한 페이지 이상의 글을 읽을 때 집중해서 읽지 못한다. (집중력)		
이야기 흐름의 순서를 제대로 기억하지 못한다. (회상능력)		
배경지식이 부족한 편이다. (배경지식 유무)		
지나치게 움직임이 크고 충동적이다. (읽기 태도)		
글을 읽고 나면 모르는 단어나 어휘가 대부분이다. (이해능력)		
중심 문장을 찾아보라 하면 중심 문장에 밑줄을 치지 못한다. (이해능력)		
글을 읽고 내용을 요약할 수 없다. (이해능력)		
글을 읽을 때 목소리가 지나치게 작다. (읽기 태도)		
글을 읽는 속도가 지나치게 느리다. (읽기 속도)		
글을 읽을 때 비슷한 의미의 다른 말로 바꿔 읽거나 단어를 거꾸로 읽는다. (낭독유창성)		

TIP 지도하는 교사나 부모가 읽기 부진 정도를 체크해보고 부족한 부분을 중점적으로 지도한다. 단, 잘못 읽었더라도 자신의 오류를 발견하고 곧바로 고쳐 읽는 것은 제외한다. (읽기 텍스트는 해당 학년의 교과서로 진행한다.)

읽기 학습으로 공부의 재미를 되찾은 아이들

 글의 의미를 파악하는 데 영향을 미치는 두 가지 요인을 꼽자면 '독자의 스키마'와 '독자가 글을 읽는 목적'일 것이다. 배경지식이 독해에 미치는 영향은 앞에서도 언급했듯이 무척 중요하며 글을 읽는 목적 또한 독자의 독해력에 밀접한 영향을 준다. 시험을 대비하기 위한 읽기인지, 교양을 쌓기 위한 독서인지에 따라서 글을 읽는 목적과 글을 이해하는 방식이 달라지기 때문이다.
 학습능력의 기본인 읽기 능력에 문제를 보이는 아이들은 이런 고차원적인 읽기 수행에 어려움을 느낀다. 텍스트를 읽어 내는 것 자체를 회피하거나 읽기 능력을 향상시키려는 노력을 하지 않는 경우가 대부분이다. 이들은 독서하는 방법을 모르거나 잘못된 독서 습관 탓에 현재 자기 학년의 읽기 수준을 따라가지 못한다. 문자를 인식하는 능력이나 어휘력, 독해력 등이 뒤처져 있어서 학습에 어려움을 겪는다. 이런 아이들에게는 1:1로 개별 코칭을 통해 집중적으로 도움을 주는 것이 필요하다.

얼마 전 지역아동센터 자원봉사를 통해 2학년 민정이를 만났다. 민정이는 정신지체 장애를 가진 어머니와 단둘이 살고 있었는데 엄마가 장애를 가지고 있었기 때문에 평소 엄마와 대화를 나누는 것이 어려웠고, 아빠도 항상 바쁜 탓에 대화가 부족한 상태였다.

민정이는 또래보다 유난히 키도 몸집도 작은 내성적인 아이였다. 사회복지사는 민정이가 학습에 많은 어려움을 겪고 있다는 귀띔을 해 주었다. 나는 먼저, 동화책을 함께 읽어보자고 말했다. 그러자 돌아온 대답은 '책 읽는 것이 너무 싫다'는 것이었다. 큰 소리로 읽는 것을 어려워했으며 누군가와 일상적인 대화를 나누고 소통하는 것을 힘들어 하는 것 같았다. 스스로 책을 읽기가 어렵다면 선생님이 읽어주는 것은 어떤지 물어보니, 읽어 주면 듣는 것은 좋다고 했다. 그리하여 일주일에 두 시간씩, 민정이와 만날 때마다 재미있는 동화책을 선정해서 지속적으로 읽어주었고 책을 읽고 난 후에는 책에 대한 이야기를 함께 나누기 시작했다.

처음에는 책 읽는 것에 거부감을 보이고 책 내용을 함께 나누는 것을 불편해하던 민정이였지만, 점차 시간이 갈수록 내가 들려주는 동화 속에서 재미있는 부분이 나오면 자기 생각을 이야기하기도 하고, 스스로 몇 줄을 읽기도 하는 등 즐거워하기 시작했다.

그로부터 몇 달 후, 민정이는 변화된 모습을 보여주었다. 함께 책을 읽는 연습을 하면서 읽기에 자신감을 갖게 된 것이다. 민정이에게 책 읽기는 더 이상 두려움의 대상이 아니었다. 우리는 그 후로도 꾸준히 책을 읽고 책의 내용을 나누는 연습을 했다. 그동안 가족 간의 대화가 부족해서 누군가와 대화하고 소통하는 것에 어려움을 겪었던 민정이는 책을 읽고 대화 나누는 연습 등을 통해서 타인과 대화하는 즐거움, 소통의 즐거움을 아는 아이로 바뀌게 되었다.

민정이의 예에서 알 수 있듯 읽기 능력 향상을 위해서 독서가 미치는 영향은 지대하다. 민정이의 읽기 능력이 향상되었던 요인은 아이의 독서수준에 맞는 꾸준한 책 읽기와 대화였다.

3학년 소정이는 장래 희망을 작가라고 말하는 야무진 소녀였다. 앞에서 언급한 민정이가 첫 대면에서부터 의기소침하고 자신감을 상실한 듯 보였다면 소정이는 밝고 명랑해서 보는 사람을 기분 좋게 해주는 그런 아이였다. 준비해간 텍스트를 읽기 전까지 소정이의 발랄함과 유창한 대화 능력을 보며 도대체 소정이에게 어떤 읽기 문제가 있는지 궁금했다. 그런데 함께 지문을 읽어 내려가다 보니 소정이는 책을 건성으로 읽는 습관이 있었다. 또한 잘못된 속독 교육으로 내용의 파악이나 정리가 제대로 되지 않는 상태였다.

소정이의 속독 습관은 생각보다 심각했다. 문장 속에서 글자를 빼먹거나 한두 줄을 건너뛰는 것도 예사로 하는 모습이었다. 다행인 것은 소정이의 읽기 형태는 난독증과 같은 읽기 장애 수준의 문제는 아니었다는 점이다. 성급한 성격과 잘못된 속독 훈련 탓에 빠르고 대충 읽는 것이 습관이 되어 일어나는 현상인 듯 했다. 소정이의 읽기 능력을 키워주는 방법으로 선택한 것은 천천히 읽기 연습과 중심 문장 찾아보기 연습이었다. 독서 후에는 단락별로 중요하다고 생각되는 부분에 밑줄을 그어보게 하고, 밑줄 그은 중요 문장들을 다시 요약해서 정리해보는 연습을 시켰다. 같은 방법으로, 교과서에서 중심 문장을 찾아서 요약해보는 연습을 시켰더니 학업 성적이 향상되는 모습을 볼 수 있었다.

읽기 능력이 부진한 아이들의 읽기 능력을 향상시키기 위해서는 학습자를 배려하여 적절한 수준의 과제를 수행하도록 코칭하는 것이 매우 중요하다. 자기 수준보다 높은 수준의 읽기 과제를 부여하거나 지나치게 오랜 시간 동안 긴 텍스트를 읽도록 유도하는 것은 좋은 방법이 아니다.

묵독이 정착되기 전까지는 소리 내어 글을 읽되 되도록 천천히 읽게 하는 것이 도움이 된다. 빠르게 읽어 내려가느라 의미 파악과 내용 이해를 놓치는 경우가 많기 때문이다. 또한 한 번 읽기에 그치지 말고 여러 번 반복해서 텍스트를 읽기를 권한다. 반복해서 읽기를 통해 새로운 단어들을 익숙하게 만들어두면 향후 같은 단어를 만날 때 낯설지 않게 된다.

책을 읽고 난 후에는 적절한 질문을 통해서 자기 생각을 정리하고 다시 입 밖으로 내보내는 연습이 필요하다. 이런 방법으로 초등생의 읽기 능력이 어느 정도 향상되는 것을 다수의 코칭 사례 속에서 경험할 수 있었다. 학원을 3~4개 다녀도 성적이 오르지 않던 아이, 읽을 때는 다 아는 듯했지만 뒤돌아서면 내용을 기억하지 못했던 아이도 지속적인 훈련을 통하여 읽기 능력이 개선되어 갔다.

실생활에서 쉽게 시도할 수 있는 훈련 방법으로 게임을 활용할 수도 있다. 끝말잇기는 읽기 능력 향상에 도움이 되는 좋은 놀이다. 그날그날 공부했던 내용 중에서 생각나는 것을 적어보는 훈련을 반복해서 하는 것도 좋은 방법이다. 한 가지 덧붙여 보자면 신문 읽기는 부족한 어휘력을 향상하고 배경지식을 쌓는 데 매우 도움이 된다. 그날의 신문 기사 중에서 기억에 남거나 관심이 가는 부분을 형광펜으로 표시하고, 모르는 낱말은 동그라미 쳐서 어휘를 찾아보며 그 기사에 대한 자기 생각을 정리해보는 것이 습관화될 수 있도록 하자.

읽는 것이 생활이 될 때, 읽기 능력도 그만큼 높아진다. 뿌린 만큼 거둔다는 진리는 읽기 능력 향상에서도 그대로 적용되는 진실이다.

PART
2

공부가 달라지는 읽기 코칭

1장

스키마 활용으로
2배의 공부 내공 키우기

지식을
재구성하는 힘

이번 장부터는 읽고 싶은 마음이 들게 하는 읽기 동기 향상 전략들에 대해 본격적으로 이야기하고자 한다.

읽기 동기를 향상하는 데 있어서 가장 중요한 요소는 배경지식을 활성화하는 것이다. 우리의 뇌는 새로운 것을 학습하고 기존에 가지고 있는 지식과 연결하는 것을 즐거워한다. 같은 내용을 배워도 본인의 지식수준에 따라 다르게 이해하는 이유가 여기에 있다.

흔히 배경지식이라 불리는 '스키마'는 읽기 학습에서 거름과 같은 요소이다. 배경지식이란 어떤 내용을 이해하기 위해 필요한 사전 경험이나 지식체계를 뜻한다.

배경지식을 이야기할 때 빼놓을 수 없는 것이 '독서'다. 소위 공신이라 불리는 엄친아들의 공부비법에서도 꾸준하게 갈고 닦은 그들의 독서력이 빼놓지 않고 등장한다. 이처럼 자기주도학습능력을 높이기 위해서 독서는 매우 중요하다.

빈익빈 부익부 현상은 경제적인 관점에만 적용되는 것이 아니다. 독서능력은 물론 학습능력을 키워주는 데에도 그대로 적용된다. 독서로 대변되는 간접경험과 실제 체험을 위주로 한 직접경험은 다양한 배경지식을 쌓는 데 도움이 된다. 배경지식이 많을수록 새로 읽은 책의 내용을 더 잘 이해할 수 있고, 이는 독서에 재미를 느끼게 하여 더 많은 책을 읽게 한다. 이렇게 차곡차곡 쌓인 배경지식은 학습에도 그대로 적용된다.

읽기 학습코칭을 하면서 교과서의 텍스트를 읽고 어려운 점을 말해 보라고 하면 학생들의 대답은 한결같다. "배경지식이 부족해서 이해가 되지 않아요.", "어휘력이 부족해서 무슨 뜻인지 모르겠어요.", "지루하고 재미없어서 읽어보려고 하다가 그만두게 돼요."

학생들의 답답한 하소연에 도움을 주기 위해 많은 시행착오를 겪으며 터득한 이치는 매일매일 다양한 방법을 동원해서 그들의 배경지식을 넓혀주는 것이었다. 티끌이 모여 태산이 되듯, 매일 조금씩 노력하면 언젠가는 배경지식이 이만큼 풍부하게 쌓이게 된다.

바틀레트는 '독자가 줄거리를 기억할 때 생기는 여러 가지 왜곡, 삭제, 시간이 지남에 따라 생기는 기억의 변화는 이야기 스키마의 증거'라고 하였다. 이야기 스키마란 사람이 무언가를 기억하려고 할 때 사용되는 배경지식을 말한다. 드라마를 예로 들어보자. 드라마를 좋아하는 사람들은 채널을 돌려가며 각 다른 방송사에서 방영하는 모든 드라마를 섭렵한다. 안방 드라마의 특성상 개연성과 스토리 구성은 불을 보듯 뻔하다. 그 뻔한 내용을, 막장이라고 흉을 보면서도 매일 열심히 드라마를 챙겨본다. 그런데 만약 가족여행이나 특별한 일정이 잡혀서 드라마를 몇 회 정도 놓쳤다고 가정해보자. 다음에 그 드라마를 다시 이어보았을 때, 내용을 이해하는데 큰 어려움을 겪을까? 실제로는 중간에 몇 편 놓친다고 해도 드라마의 내용을 이해하는 데에 크게 어려움은 없을 것이다. 그 이유는 그동안 다양한 드라마를 보면서 자신도 인지하지 못하는 사이에 안방 드라마의 구성과 스토리 전개에 대한 '이야기 스키마'가 다분히 쌓였기 때문이다. 가랑비에 옷이 젖듯이 반복적인 경험은 스키마를 구성하고, 이렇게 구성된 스키마는 이해력을 높여준다.

언젠가 건축학을 전공한 건축학도를 만난 적이 있다. 유명한 지도교수님께 '교수님처럼 훌륭한 건축가가 되고 싶은데 어떻게 해야 하느냐'고 물었더니 교수님은 "소설을 많이 읽게나."라는 아주 엉뚱한 답변을 하셨단다.

"건축 서적도 아니고 왜 소설을 읽으라 하십니까?"

"소설을 많이 읽어 생각의 그릇을 키우고 상상력을 키우게. 그게 바로 건축의 기본 소양일세."

건축과 소설에 어떤 연관성이 있는지, 언뜻 생각하기엔 고개가 갸웃할 수 있는 상황이지만 교수님의 설명을 다시 들어보니 고개가 끄덕여진다. 건축에도 다양한 배경지식이 도움된다는 의미일 것이다.

눈에 보이지 않지만, 여러 경험을 통해서 배경지식을 쌓고 그것들을 활용하면서 학습하는 능력은 많은 돈을 주고도 배울 수 없는 귀중

한 자산이다. 반대로 배경지식이 없이 어떤 글을 읽고, 학습하는 것은 나침반 없이 사막을 걸어가는 것과 다르지 않다. 사막에서 방향을 알려주는 나침반은 오아시스만큼 중요하다.

배경지식은 사막의 오아시스처럼 생존을 위한 필수요소와도 같다. 그러한 배경지식을 쌓는 방법은 크게 직접체험과 간접체험으로 나뉜다. 직접체험은 박물관이나 도서관, 자연체험 등, 직접 보고 만지고 느끼는 등의 경험을 통해서 배경지식을 넓히는 방법이고 간접체험은 텔레비전이나 인터넷활용, 책을 통한 방법을 말한다.

과학 수업에서 많은 아이들이 어려움을 느끼는 내용이 뜻밖에 '별자리'라고 한다. 하지만 책에서 별자리를 접한 적이 있거나 방학기간을 이용해 별자리를 관측할 수 있는 천문대를 다녀온 경험이 있으면 실제로 학교에서 별자리에 대해 학습할 때도 큰 어려움 없이 쉽게 이해할 수 있다. 텔레비전을 보는 것도 (배경지식을 쌓는데) 도움이 된다. 무조건 보지 못하게 할 것이 아니라, 평소에 자녀들과 함께 다양한 분야의 교육용 다큐멘터리나 퀴즈 프로그램 등을 보면서 관련된 이야기를 나누는 습관을 들이면 자녀의 배경지식을 활성화 시키는 데 도움이 된다.

코칭 현장에서 만났던 학생들의 70~80%가 배경지식이 부족한 탓에 독해를 어려워했다. 그러나 그들은 직·간접적 경험을 통해 자신들의 배경지식을 확장하는 방법을 터득하고 실제로 꾸준히 연습하여 자신의 지식을 재구성하는 방법을 배우고 난 후에는 학습에 대한 어려움을 극복하는 모습을 보여주었다. 학교에서 교과서를 통해서 배우는 지식도 중요하지만 교과서 밖의 세상을 읽는 것도 중요하다. 다양한 경험을 통해 배경지식을 키워주자.

 다음 장에서는 이렇게 중요한 배경지식을 어떻게 활용하면 좋은지 구체적인 활용 방법에 관해서 이야기해보기로 한다.

효율적인
스키마 활용법

그룹 코칭을 하다 보면 다양한 아이들을 만나게 된다. 수업태도나 말하는 방식부터 표현력까지, 어느 하나도 똑같은 모습을 가진 아이들은 없다. 나는 아이들과 수업하기 전에 종종 그날의 수업 주제와 관련된 이야깃거리들을 준비하곤 한다. 동기 유발이 되지 않은 상태에서 바로 수업에 들어가면 몰입도와 흥미가 떨어질 수 있기 때문이다. 간단하게 이야기 나누며 함께 볼 수 있는 동영상이나 사진 같은 것으로 시작하면 아이들의 반응도 좋은 편이다. 이때 흥미를 유발하기 위해 사용하는 동영상이나 사진 등이 바로 아이들의 스키마를 활용하는 도구라고 할 수 있다.

한번은 성인 대상 강의에서 '제대로 읽는 능력의 중요성'에 대해 이야기하는 시간이 있었다. 수업 중에 재미있는 유리병 그림을 보여줄 기회가 있었다. 여기서 '재미있는 그림'이라 함은, 똑같은 그림을 본 사람들이 서로 다른 대답을 하기 때문이다. 유리병에 새겨진 그림은 남자가 여자를 뒤에서 안고 있는 모습이었다. 수강생들에게 그림을 집중해서 보고 무엇을 보았는지 말해보라고 하니 어떤 수강생은 남자와 여자의 모습을 찾아내기도 하고 어떤 수강생은 물고기의 모습을 보기도 했다. 무늬를 물고기로 본 수강생들에게 '아직은 여러분의 순수성이 살아 있기 때문에 그렇게 보이는 것'이라 말해주었더니 수강생들이 한바탕 웃어서 수업 분위기가 훈훈하게 바뀌었던 기억이 난다. 한 장의 그림을 보고도 이렇듯, 서로 다른 생각을 하는 것은 이미지를 연상하는 데 그들의 배경지식이 어느 정도 작용했기 때문이다.

양자물리학 이론을 설명해 놓은 어떤 텍스트를 읽었다고 해보자. 이런 과학적 이론에 대한 정보나 배경지식이 없는 사람은 그 글을 이해하기 힘들다. 사람은 누구나 같은 사물을 보고도 다른 생각을 하고 서로 다른 다양한 것을 볼 수 있다. 이렇듯 해석 방법이 다양한 이유가 바로 배경지식을 활용하는 방법이 개인마다 다르기 때문이다. 스키마는 경험의 구조이며, 개개인이 가지고 있는 이러한 경험의 차이가 각각 다른 해석을 불러오는 것이다.

이렇듯 각자 다른 스키마를 효율적으로 활용하려면, 먼저 그 사람의 배경지식을 제대로 확인할 필요가 있다. 그렇다면 어떻게 배경지식을 확인할 수 있을까? 다음과 같은 방법을 활용해 보면 좋다.

코칭을 시작하기 전에 대상과 관련된 직접경험이 있었는지를 질문해보는 것이다. 예를 들어 '민속놀이'에 대한 설명글을 읽었다면, 과거에 시골에 가본 경험이나 민속놀이를 해본 경험이 있었는지를 물어본다. 그리고 그 외에 또 다른 민속놀이에 대해 알고 있는지, 놀이 방법은 어떤지 등을 생각해보도록 유도한다. 가능하다면 민속놀이 중 한두 가지를 직접 해보면 더욱 좋다. 사람은 몸으로 직접 배운 것을 더욱 오래 기억하기 때문이다. 아울러 민속놀이와 연관 있는 책을 찾아 함께 읽어보는 것도 배경지식을 더욱 확장할 수 있는 훌륭한 방법이다.

학생의 배경지식을 읽기 학습코칭에 적용했던 실제 활용 방법에 대해 좀 더 자세하게 이야기해 보도록 하겠다.

먼저, 교과서를 읽기 전에 학생에게 책의 목차와 읽고자 하는 부분의 길잡이나 서문을 읽어보도록 한다. 그리고 책에 실려 있는 사진이나 그림 등을 살펴보면서 텍스트의 내용을 상상해보게 한다. 이때 코치는 학습할 내용과 연관 있는 것들 중에서 학생이 관심을 끌만한 적절한 질문을 해주면 더욱 좋다. 적절한 질문으로 호기심을 유발했으면 책의 내용에서 궁금한 점을 질문으로 만들어보게 한다. 아직까지는 본문의 텍스트를 꼼꼼하게 읽어보지 않은 단계이다.

학생이 스스로 생각한 질문을 메모했다면, 이제 텍스트를 읽어 내려가며 질문에 답이 될 만한 문장이나 문단을 표시해보도록 한다. 텍스트를 읽고 스스로 표시한 질문과 연관 있는 책을 참고해서 좀 더 읽어 보고 정확하게 이해할 수 있도록 한다.

읽기가 끝난 후에는 자신이 정리한 질문 목록들을 다시 읽어보면서 아는 것과 모르는 것을 구분해본다. 학습이란 자신이 아는 것과 모르는 것이 무엇인지를 구별하는 능력을 키우는 것이다.

이렇게 자신이 아는 것과 아직도 모르는 것을 구분했다면 자신이 아는 것은 말로 설명해보도록 한다. 그룹 수업이라면 친구들과 서로의 질문 목록에 대해 설명하고 다시 질문하는 과정을 통해 자연스럽게 토의활동으로 이어진다. 이때 토의활동을 통해 논리적으로 말하기까지 연습할 수 있어 더욱 좋은 효과를 기대할 수 있다.

많은 부모들은 내 아이가 자기주도학습자가 되기를 희망한다. 부모의 잔소리가 없어도 스스로 책을 읽고 스스로 공부하는 소위 엄친아가 되기를 바란다. 그러나 배운 적도, 연습한 적도 없는데 처음부터 이런 것들을 혼자서 척척 해낼 수 있는 아이는 없다. 스스로 자신의 배경지식을 확장하고 활용할 수 있는 수준이 되기까지는 부모의 관심과 수고가 필요한 법이다. 종종 부모들은 자신은 아무것도 하지 않으면서 내 아이는 스스로 모든 걸 해주기를 바란다. 내 아이가 '생각하는 능력'을 가지고 사회를 이끌어 가는 리더가 되기를 원한다면 부모의 지지와 관심은 필수다. 아이들 저마다가 가지고 태어난 배경지식의 그릇이 다르다. 그릇의 크기는 다양한 경험을 할 수 있는 환경을 만들어주고 함께 동참해주는 부모의 노력에 따라 달라진다. 당신은 지금 내 아이의 그릇을 키워주기 위해 얼마나 노력하고 있는가?

위에서 이야기한 읽기 전, 읽는 중에, 읽은 후의 정리 방법을 실제 학습에 적용하고 연습해보면서 내 아이의 배경지식의 그릇을 키울 수 있도록 해보자. 배경지식은 활용하면 할수록 점점 더 커지는 마법의 그릇임을 확인하게 될 것이다.

스키마 활용방법

읽기 전에	짐작하여 질문목록 만들기	
읽는 중에	읽으며 질문목록과 일치하는 것 찾기	
읽은 후에	아는 것과 모르는 것 구분하기	아는 것 : 모르는 것 :

배경지식 활성화 전략

얼마 전, 한국 근현대미술 작품들이 전시된 미술관에 다녀왔다. 학창 시절 교과서에서 본 적이 있는 이중섭의 '소'와 박수근의 '빨래터'가 전시되어 있다는 이야기를 들었기 때문이다. 교과서에서 본 그림들이라는 것과 전시된 작품들의 작가 이름이 매우 낯익다는 것, 그 친숙함에 이끌려 무작정 미술관을 찾아간 것이다. 이러한 배경지식이 자발적인 동기를 유발했기 때문인지 미술관 관람은 무척 인상 깊고 만족스러웠다. 관람객이 적은 평일 오후에 방문한 것도 좋은 선택이었다.

기존에 우리가 가지고 있는 지식과 '경험의 집합'이라 일컬어지는 배경지식. 이 두 가지는 기존 지식과 새로운 지식, 혹은 기존 경험과 새로운 경험을 재조합하거나 창조하는 동기를 유발함과 동시에 원동력이 되어준다. 이러한 배경지식의 활용은 독서나 학습에서도 동일하게 적용된다. 독자는 글을 읽을 때 텍스트와 기존에 가지고 있던 배경지식을 연관시키려는 노력을 끊임없이 하게 된다. 이때 코치는 읽기 학습능력을 높여주기 위해서 피코치가 적절하게 배경지식을 활용하고 이를 재창조하여 활성화할 수 있도록 도와주는 역할을 한다.

이번 장에서는 배경지식을 활성화할 수 있는 몇 가지 전략에 대해서 알아보고 직접 적용해보자.

배경지식을 활성화하는 전략은 연상하기, 예측하기, KWL, 질문하기, 구조 인식하기 등이 있다.

연상하기란 텍스트의 제목이나 텍스트와 관련 있는 어떤 단어를 보고 피코치가 그것과 연관된 다양한 것들을 자유롭게 떠올려보는 것을 말한다. 예를 들어 '가을'이라는 제목의 텍스트라면 '가을'에서 떠오르는 것들을 자유롭게 브레인스토밍해보거나 마인드맵으로 적어보도록 하는 것이 연상하기에 해당한다.

예측하기란 배경지식 활성화 전략에서 매우 중요한 방법이다. '가을'이라는 텍스트를 읽기 전에 제목을 보고 어떤 내용일지 상상해보거나, 텍스트 안에 그림이나 사진이 삽입되어 있다면 그것을 보고 예상을 해보는 것이다.

본문을 읽기 전에 하는 예측은 읽는 이의 사전 경험과 배경지식을 활용한다. 또한, 예측하기는 읽기 전에만 하는 것이 아니라 본문을 읽는 중간에도 지속적으로 수행할 수 있다. 본문을 단락별로 나누어 예상하여 읽고 읽은 후에는 예상한 것과 실제 내용이 어떻게 다른지를 비교하는 방법으로, 예측하며 읽는 과정을 통해 배경지식을 활성화시킬 수 있다.

　배경지식을 활성화하는 방법 중에 가장 대표적인 KWL 방법은 예측하기 방법을 좀 더 구체적으로, 형식에 맞게 적용하는 방법이라고 볼 수 있다. KWL이란 알고 있는 것(Know), 알고 싶은 것(Want to know), 새롭게 알게 된 것(Learned)을 말한다. 텍스트를 읽기 전에 사전에 가지고 있는 경험지식과 배경지식, 제목과 관련된 내용 중에서 알고 싶거나 궁금한 것을 적는다. 꼼꼼하게 텍스트를 읽고, 읽기가 끝난 후에는 새롭게 알게 된 것을 적어본다. 이러한 KWL 방법은 독서지도와 교과 학습에서 모두 적용할 수 있다.

　다음으로는 질문하기 방법이 있다. 부모나 코치의 효율적인 질문이 배경지식을 활성화하는 데 큰 도움을 준다. 좋은 질문은 행동을 유발하며 적극적으로 사고하게 하기 때문이다. 질문은 텍스트를 읽기 전의 예측단계나 읽고 난 후에도 지속적으로 활용할 수 있다. 특히 읽기가 끝난 후의 질문은 내용을 이해하고 정리하는 데 도움이 된다.

　예를 들어 '가을'이라는 제목의 텍스트를 읽기 전에 "'가을' 하면 떠오르는 단어는 무엇인가요?", "'가을' 하면 떠오르는 느낌은 어떤가요?", "좋아하는 계절은 언제인가요?", "그 이유는 무엇인가요?" 등의 질문을 해볼 수 있다. 또 다른 예로, 국어 시간에 표준어에 대해 배운다면 교사는 이렇게 질문할 수 있을 것이다. "서울사람과 제주도 사람이 자기 고장의 말로 대화를 나눈다면 어떻게 될까요?", " 표준어가 왜 필요하다고 생각하나요?", " 표준어는 어떻게 정하는 걸까요?" 등 교사가 점차로 깊이 있는 질문을 하며 학생 스스로 배경지식을 활성화할 수 있도록 유도할 수도 있다. 또한, 꼭 코치나 교사가 아니라도 학생이 스스로 텍스트를 읽기 전에 질문 목록을 만들고 텍스트를 읽어 내려가며 질문에 대한 대답을 정리해 볼 수도 있다. 이 방법은 앞 장의 '배경지식의 활용'에 대한 부분에서 자세히 다루었으니 참고하기로 한다.

마지막으로 글의 구조를 인식하며 읽는 것이 좋다. 세상 모든 것은 각기 적합한 형식과 방법으로 짜여 있다. 곤충의 몸이 머리, 가슴, 배로 나뉘듯 글에도 구성과 짜임새가 있기 마련이다. 이를 글의 구조라고 한다. 어떤 글을 읽을 때, 그것이 문제를 제시하고 그것을 해결하는 구조인지, 비교와 대조가 있는 구조인지, 원인과 결과를 보여주는 구조인지, 중심 내용과 세부내용으로 나누어지는 구조인지 등 글의 구조를 구분할 수 있다면 읽기가 매우 쉬워진다. 즉, 글의 구조를 제대로 인식하면서 글을 읽으면 중심 문장을 찾거나 내용을 정리하고 요약하기도 쉬워질 뿐만 아니라 글의 특징을 파악할 수 있어 결과적으로 글의 독해가 쉬워지는 것이다.

브랜스포트와 존슨은 배경지식이 독해에 미치는 영향에 대해 재미있는 실험을 했다. 그림을 먼저 보고 관련 텍스트를 읽은 집단과 그림을 보지 않고 텍스트만 읽은 집단, 마지막으로 텍스트와 연관성이 전혀 없는 그림을 보여준 후 텍스트를 읽은 집단 중 과연 어느 집단이 텍스트의 내용을 가장 잘 이해했는지에 관한 실험이었다. 결과는 예상대로 텍스트와 연관성 있는 그림으로 배경지식을 활성화한 후에 텍스트를 읽은 집단이 텍스트를 가장 잘 이해하는 것으로 밝혀졌다. 이는 텍스트와 대응되는 배경지식이 있을 때 그 글을 잘 이해하고 기억할 수 있다는 것이 과학적으로 밝혀지게 된 실험이다.

배경지식은 사용할수록 점점 더 활성화된다. 평상시 각자의 독서수준에 맞는 다양한 분야의 책을 읽거나 여행이나 체험 같은 실제적인 경험들을 통해 배경지식의 그릇을 넓혀둘수록, 학교에서 학습할 때 꺼내어 쓸 수 있는 배경지식도 많아진다. 방학기간에 '선행학습'을 위해 수학, 영어학원에 보내 공부시키는 것도 좋지만, 길게 봤을 때 박물관이나 미술관 등을 찾아가는 '배경지식 넓히기 활동'을 꾸준히 하는 것이 자녀들의 학업에도 더 좋은 방법은 아닐지 고민해보기 바란다.

이번 주말에는 자녀들의 손을 잡고 가까운 박물관으로 가보는 것은 어떨까? 직접 경험하는 것만큼 배경지식을 활성화하기에 좋은 방법도 없으니 말이다.

KWL 방법

알고 있는 것 (know)	
알고 싶은 것 (Want to know)	
새롭게 알게 된 것 (Learned)	

2장

매체만 제대로 읽어도 공부가 달라진다

동화책은
스키마의 보물창고

앞 장에서는 배경지식이란 무엇이며, 배경지식을 활용하고 활성화하는 방법에 관해서 이야기 나누었다. 이번 장에서는 세상을 읽는 다양한 방법들에 대해 다루어보고자 한다.

많은 아이들이 독서에 흥미를 잃는 이유를 아는가? 바로 독서가 습관화되기 전에 인터넷이나 스마트폰 등 다른 재미있는 것들과 친숙해지기 때문이다. 그렇다면 책이나 글을 읽는 즐거움을 되찾아줄 수 있으면 문제가 해결되지 않을까? 하지만 그것이 생각처럼 간단한 일은 아니다. 처음부터 이해하기 어려운 내용의 두꺼운 책을 던져줘 놓고, 어떻게 흥미를 찾으라는 것인가. 재미있는 읽기를 통해 '읽는 즐거움'을 깨닫게 한다면 자연스럽게 흥미도 되찾게 될 것이다.

그렇다면 어떻게 읽는 즐거움을 느낄 수 있을까? 필자가 코칭 현장에서 좋은 효과를 봤던 방법 중 하나는 그림책이나 동화를 통한 읽기 지도 방법이었다.

그림 동화는 흥미를 유발할 수 있는 좋은 도구이다. 글과 그림이 적절하게 배치되어 있어서 긴 텍스트를 다 읽어내지 못하더라도 그림을 통해 내용을 유추해 볼 수 있고, 이해하기도 쉽다. 재미있는 그림들 속에는 읽는 이와 비슷한 등장인물들이 나오기 때문에 주인공들의 행적을 따라가다 보면 어느새 재미있게 읽기에 몰입할 수 있다.

읽기 학습 지도에서 가장 중요한 요소는 글의 내용을 파악하기, 어휘 이해하기, 주제와 줄거리 파악하기 등이다. 재미있게 읽을 수 있는 동화라 하더라도, 학생 혼자서 중심 내용을 찾고 요약해보라고 하면 많은 아이들이 어려워한다. 동화 읽기에서도 가장 좋은 지도 방법은 어떻게 읽는 것이 효율적인지 학생에게 읽는 방법을 이야기해주고 코치가 적절한 시범을 보인 후 반복적으로 연습할 수 있도록 격려하고 지지해주는 방법이다. 동화는 재미있다. 상상력을 펼칠 수 있는 요소들을 가지고 있으며, 동화 속에 등장하는 인물을 통해 미움, 사랑, 슬픔, 공포, 희망 등 인간의 보편적인 정서를 간접 경험할 수 있다. 동화를 읽기 학습 지도에 적절히 활용한다면 흥미와 교훈, 정서적 만족감을 동시에 얻을 수 있을 것이다.

코칭에서 만난 3학년 수영이는 다행스럽게도 책 읽는 것은 싫어하지 않는 아이였다. 덕분에 수월하게 읽기 지도를 시작할 수 있었다. 처음 선택한 책은 또래 아이들이 좋아하는 '짜장, 짬뽕, 탕수육'이라는 동화책이었다. 책은 코칭 전에 각자 읽어오기로 했다. 약속대로 책을 읽어온 것을 확인한 후, 본격적으로 코칭을 시작하기 전에 책에 대한 관심과 흥미 유발부터 시작했다.

"수영아 중국음식 좋아하니?"

"짜장면 좋아해요, 탕수육도요."

"그럼, 지금 제일 먹고 싶은 음식은 뭐야?"

"지금은 떡볶이랑 순대가 먹고 싶어요."

"그래, 선생님이랑 수업 끝나면 같이 사 먹으러 가자. 그런데 수영이는 책 속에 나오는 종민이처럼 친구들에게 따돌림을 받아본 경험이 있었니?"

"네. 저도 그런 경험 있어요. 친구들이 공부 못한다고 저를 무시하고 놀린 적이 있어요."

"그랬구나, 속상했겠다. 그럴 때 수영이는 어떻게 했니?"

"저는 그냥 속상해서 아무 말도 안 하고 가만히 있었어요."

"그렇구나, 그럼 그럴 때 종민이는 어떻게 행동했지?"

"종민이는 꾀를 내서 상황을 잘 넘기는 거 같아요."

"맞아. 그런 것 같구나. 이 책을 읽어보니 친구들이 왕따를 시키는 상황에서 어떻게 하라는 이야기인 것 같아?"

"자기 생각과 기분을 정확하게 잘 표현하는 게 좋은 거 같아요. 무조건 참고 가만히 있는 게 좋은 건 아닌 거 같아요. 다음부터는 저도 꾀를 내서 잘 이야기해 볼래요."

수영이는 동화를 읽고 이야기를 나누는 동안, 동화 속 주인공을 통해서 친구들의 따돌림에 어떻게 대처하면 좋은지 스스로 해결방법을 찾아낸 것이다. 그리고 자신의 삶에 적용해 보고 싶다는 의견을 말하였다. 나는 그런 수영이의 모습을 보며 기특하다고 칭찬해 주었다.

코칭을 진행해보니, 수영이는 자존감이 낮은 편은 아닌 듯 보였다. 자존감은 학습에서 가장 중요한 핵심 요소로 작용할 때가 많다. 앞에서도 언급했듯이 칭찬이나 격려와 같은 긍정적 피드백은 매우 중요하며 부모가 그 역할을 잘 감당해줄 때 아이들의 자존감이 향상된다. 학습보다도 인성이 먼저이듯이 부모님들은 읽기 능력을 키워주기 전에 자존감 향상이 먼저라는 것을 잊지 말았으면 좋겠다.

동화에 대한 흥미를 유발하기 위해서 코칭 초입에는 책의 제목이나 그림만을 훑어보며 생각나는 단어들을 떠올려보고, 생각 그물로 만들어보게 하는 것이 좋다. 그다음은 동화 속에 나오는 그림들을 천천히 함께 보면서 스토리로 구성하는 활동을 해볼 수 있는데, 아이들이 생각보다 창의적이고 재미있는 이야기를 구성하는 것을 볼 수 있다.

'짜장, 짬뽕, 탕수육' 책을 읽고 동화 내용을 활용한 지도를 하려고 했는데 만일 아이가 책을 읽지 않고 그냥 왔다면 코치가 내용을 대신 말해줄 수도 있다. 사실, 읽기 학습코칭 현장에서 만나는 아이들은 읽기 부진아인 경우가 많다. 약속하기가 허무할 정도로 책을 읽어오지 않는 경우가 허다하다. 혹여 책을 읽고 왔다고 하더라도 읽기 부진을 겪는 아이가 읽은 내용을 제대로 기억하기는 힘들다. 따라서 시간의 여유를 가지고 코치가 함께 천천히 책을 읽으며 아이들을 책 속으로 이끌어주는 것이 필요하다.

코치가 책을 읽어주다가 재미있는 부분이나 중요한 대목이 나오면 학생과 함께 한목소리로 읽어보는 것도 좋다. 책이나 텍스트 읽기에 거부감을 보이거나 스스로 읽어내는 능력이 부족한 읽기 부진 아이들에게는 읽는 것의 재미를 되돌려 주는 것이 가장 중요한 일이기에 혼자 읽기를 억지로 강조할 필요는 없다. 중요한 것은 읽는 것이 재미있는 것이고, 해볼 만한 것이라는 좋은 경험들이 누적될 수 있도록 읽기 동기를 마구 부여해주는 것이기 때문이다.

동화를 통한 읽기 지도 방법은 생각보다 어렵지 않다. 사랑하는 아이를 무릎에 앉히고 함께 그림책을 읽었던 경험이 있는 부모라면 누구나 쉽게 적용할 수 있다. 책을 읽은 후 주인공의 마음에 변화가 나타났던 부분이나, 주인공과 나의 비슷한 점, 차이점은 무엇인지 자신의 경험과 관련지어보면서 깊이 있는 이야기를 나누어보자. 그리고 동화의 뒷이야기를 꾸며본다거나, 동화를 읽은 후의 생각들을 정리해서 글로 적어보면 책의 내용을 좀 더 명료화할 수 있다.

동화로 읽기 코칭을 받은 아이들은 하나같이 책 읽기가 재미있고 즐거워졌다고 이야기한다. 책에 대한 거부감에서 해방되고 읽는 재미를 발견했다면 어느 정도는 성공이다. 책에 대한 흥미를 유발하고 바르게 읽어 내는 것에 성공했다면 그 외의 낱말 익히기(어휘력 파악하기)나 내용 익히기(중심 내용 파악하기) 부분은 반복적인 연습을 통해서 얼마든지 개선할 수 있다.

동화에 대한 읽기 학습이 충분하게 이루어졌다면 다음 단계인 '교과서 읽기'를 시작한다. 동화 읽기와 동일한 방법으로 교과서 텍스트를 읽으면 더 이상 읽기가 재미없고 힘든 과정이 아니라 해볼 만한 즐거운 경험임을 스스로 느끼게 될 것이다.

안데르센의 '미운 아기 오리'를 끝까지 읽은 후 작성해보세요.

읽은 책의 내용 중에서 기억나는 대로 써 봅시다.	
책의 제목은?	
주인공은 누구입니까?	
언제, 어디에서 일어난 일입니까?	
이 이야기의 줄거리를 요약해서 써봅시다.	
나의 느낌이나 생각한 점을 써봅시다.	

신문으로
공부하는 아이들

성공하는 사업가, 시대의 리더, 창의적인 인재, 세상을 앞서 가는 이들의 공통점은 무엇일까? 이들 모두가 읽기를 즐기는 사람들이라는 것이다. 책을 통한 독서뿐만 아니라 그들은 대부분 매일 두 종류 이상의 신문을 읽고 있으며 그러한 습관을 평생에 걸쳐서 실행하고 있다. 신문의 교육적 효과는 선진국을 비롯한 여러 국가에서 인정받았고, NIE 교육은 미국을 시작으로 우리나라에서도 많은 교사들이 교육에 접목하여 활용하고 있는 방법이다. 신문 읽기 활동을 통해 실생활에 필요한 정보를 습득하는 것뿐만 아니라 사고력 증진과 읽기 능력 향상에도 도움을 받을 수 있음이 다양한 연구 결과를 통해서 밝혀진 사실이다.

신문의 효율성에 대한 많은 이야기 중에서도 특히, 고 정주영 회장의 이야기가 가장 기억에 남아 있다. 한번은 청와대에서 정주영 회장의 사업적 성과를 칭찬하는 자리가 있었다. 정주영 회장에게 '소학교 졸업이 최종학력인 분이 어떻게 그렇게 사업 수완이 좋으냐'는 질문을 했다. 이에 정 회장은 자신은 평생 동안 매일 신문을 꼼꼼하게 읽었으며, 그렇기에 자신은 명문대학을 졸업하지는 않았지만 어느 대학 졸업자보다 우수한 신문대학 출신이라 말했다고 한다.

이처럼 신문이 여러모로 유익하다는 사실은 누구나 알고 있다. 그러나 생각처럼 쉽게 읽어내지 못하는 것이 씁쓸한 현실이다. 신문은 다른 어떤 텍스트보다 우리 삶과 밀접한 관련을 맺고 있기에 익숙할 것 같지만, 초보 독자들은 신문 읽기의 어려움을 호소한다. 지면에 빽빽하게 들어찬 작은 글씨와 고급 어휘들이 낯설기 때문이다. 신문을 효과적으로 읽기 위해서는 이러한 낯섦을 익숙함으로 바꿔주는 활동이 반드시 필요하다.

신문 읽기가 익숙하지 않은 아이에게 '혼자 신문을 읽고 내용을 요약해서 말하거나 정리하라'고 하면 십중팔구는 기겁하며 신문 읽기를 거부하는 현상을 보인다. 신문 읽기를 처음 시작하는 아이라면 먼저 신문의 구성을 함께 살펴보는 것이 좋다. 천천히 신문을 펼쳐서 각 지면을 들여다보며 신문이 정치, 경제, 사회, 생활문화, 국제면 등 여러 주제로 구분되어 있다는 것을 알게 한다. 1면은 그날의 가장 중요한 이슈와 사건들로 구성되며 기사 내용도 핵심요약만 뽑아서 실리는 것이 보통이니 신문 읽기 초보자라면 1면의 톱 이슈와 사진만이라도 읽어보도록 한다. 처음부터 신문 전체를 읽거나 모든 기사 내용을 꼼꼼하게 읽기는 어렵다. 만화나 광고, 사진 등 이미지에 먼저 익숙해지도록 코칭하면 강요하지 않아도 차차 이미지와 연관된 옆의 기사글로 자연스레 시선이 옮겨질 수 있다.

　신문과 친해지게 만드는 두 번째 방법은 학생과 함께 신문을 읽고 신문에서 읽었던 단어들을 골라 빙고 게임을 하는 것이다. 범위는 너무 넓지 않게 한 페이지 이내로 정한다. 게임에 바로 들어가는 것도 좋지만, 읽었던 기사 중에서 떠오르는 단어들을 서로 말해본 후에 게임을 하면 좀 더 효율적이다. 처음에는 기억하지 못했던 것도 상대방의 이야기를 들으며 기억할 수 있고, 말하는 과정을 통해 더 잘 기억할 수 있게 된다.

　신문 읽기 초보 단계에서 활용할 수 있는 또 하나의 전략은 신문을 읽고 서로 퀴즈를 내어 맞춰보는 방법이다. 각자가 마음에 드는 기사를 선정해서 읽은 후 문제출제 위원이 되어 기사 내용을 바탕으로 퀴즈를 내고 서로 맞춰보는 것이다. 퀴즈를 내려면 기사를 꼼꼼하게 읽어야 한다. 신문기사를 읽으며 중요하다고 느끼는 부분에 밑줄을 긋고, 모르는 단어에 동그라미를 치게 한다. 모르는 단어는 사전을 찾아 확인한다. 어려운 단어라면 사전을 찾아보았더라도 실생활에서 쉽게 이해할 수 있는 쉬운 의미로 풀어서 설명해주는 것이 좋다. 어떤 상황에서 이런 단어가 쓰이는지 쉽게 알 수 있어서 덜 어렵게 느끼게 된다.

　신문기사 속에 숨은 사진을 이용해서 다양한 직업을 찾아보는 직업 찾기 게임도 좋은 활동 중 하나이다. 피코치의 진로와 연관해서 다양한 직업을 찾아보고, 관심을 보이는 몇 가지의 직업에 대해 구체적으로 조사해보는 활동은 신문을 통한 진로지도의 좋은 예가 될 수 있다.

신문 읽기를 통해 창의력을 키워줄 수도 있다. 인물사진을 통한 신문 읽기 활동이 그 전략 중 하나다. 관련 기사를 읽지 않은 상태에서 부모님이나 코치가 제시하는 사진을 주의 깊게 관찰하게 한다. 무엇을 하는 모습인지, 무슨 일을 하는 사람인지, 어떤 표정인지, 왜 이런 표정을 짓고 있는지, 사진 속의 인물에게 어떤 스토리가 숨어있을지를 상상해서 적어보게 하는 것인데, 이러한 관찰과 상상은 창의력 향상에 매우 도움이 되는 좋은 활동이다.

게임이나 사진 등을 활용해서 신문과 친해졌다면 이제는 하나의 주제나 기사를 좀 더 깊이 있게 생각해보는 활동으로 연결한다. 그날의 기사 중에서 가장 마음에 드는 기사 하나를 정해서 스크랩한 후 기사의 중심 문장과 중요한 내용을 찾아보고 자기 말로 요약하는 작업을 해본다. 내용을 요약정리했으면 자기 생각을 자유롭게 적어보고, 나와 이 기사가 어떤 연관이 있는지, 자신에게 어떤 영향을 미칠 수 있을지 등을 정리해보게 한다. 이러한 활동을 통해서 읽기 능력 향상은 물론 비판적인 사고력을 키우게 될 것이다.

요즘은 아이들 학년에 맞추어 다양한 종류의 책들을 준비해주고 그 책을 읽을 수 있는 독서환경을 만들어 주는 부모가 늘고 있다. 독서의 중요성이 대두한 까닭이다. 그런데 이들이 아이에게 권하는 책들은 대개 문학 위주인 경우가 많다. 균형 잡힌 읽기를 위해 문학과 비문학을 골고루 접하는 것이 중요한데, 이러한 현실에서 비문학적 텍스트를 접할 수 있는 좋은 도구가 바로 신문이다. 읽기 학습을 하는 동시에 다양한 분야의 배경지식을 덤으로 얻을 수 있다.

읽기 능력이 떨어지는 아이들의 특징 중 하나는 대충 읽거나, 마음대로 읽는 것이다. 뜻과 의미를 정확하게 모르기에 자기 마음대로 해석하거나 건너뛰어 읽어버리는 습관이 형성된다. 이런 잘못된 습관은 학습에도 그대로 이어지는데, 신문을 활용해서 읽기 학습능력을 키우는 연습을 하면 이러한 고질적인 병폐들을 해소할 수 있다.

신문에서 기사를 골라 모르는 단어의 의미를 찾아보고 내용을 자기 생각으로 요약해서 적는 연습을 꾸준하게 하는 아이가 읽기 능력이 높아지는 것은 명백한 사실이다. 그러나 이러한 활동을 처음부터 아이 혼자서 척척 해내기는 쉽지 않다. 공부가 습관이 되면 쉬워지듯이 신문 읽기도 습관이 될 때까지 함께 읽어주고 격려해주는 과정이 반드시 필요하다. 부모는 옆에서 스마트폰으로 게임을 하거나 채팅을 하면서 아이에게 '신문이 좋으니 신문 읽기를 하라'고 한다면 아이들이 그런 부모의 말을 수긍할까? 신문 읽기가 아이의 습관이 되고, 자기주도적으로 찾아 읽는 즐거운 활동으로 자리 잡을 때까지 부모는 놀이에 함께 참여하는 친구가 되어 주어야 한다. 내 아이가 읽기 능력의 달인이 되고, 창의력과 사고력을 갖춘 시대의 리더가 되기를 꿈꾼다면 스마트폰을 내려놓고 오늘부터 함께 신문을 읽자.

신문을 활용한 활동예시

단계	활동요소	학습활동
읽기 전에	기사선정	'소치 올림픽에서 메달리스트들이 받는 포상금은?'
	생각 넓히기, 추측하기	– 운동경기장에 가본 경험이 있는가? – 내가 응원한 팀이 승리했을 때 어떤 기분이 들었나? (기분이 좋았다, 기뻤다….) – 소치 올림픽에서 메달리스트들이 받는 포상금은 얼마 정도일까? – 메달리스트들의 포상금이 어느 정도인지 주의 깊게 살펴보며 읽어보자.
읽는 중에	읽기 활동	– 모르는 단어를 표시하고 중요한 내용에 밑줄을 그으며 읽어보자.
읽은 후에	세부내용 파악하기	– 메달을 획득한 종목들은 무엇인가? – 메달을 획득한 선수들은 몇 명이나 되는가?
	요약하기	– 중심 내용을 간단하게 요약하여 발표한다.
	토의 및 정리활동	– 기사를 읽은 후 어떤 생각이 들었나?

신문 활용 실습

단계	활동요소	학습활동
읽기 전에	기사선정	
	생각 넓히기, 추측하기	
읽는 중에	읽기 활동	
읽은 후에	세부내용 파악하기	
	요약하기	
	토의 및 정리활동	

광고로
세상을 읽는다

 배경지식이란 기억 속에 저장된 지식이다. 글을 읽는 사람의 기억 구조는 새로운 지식을 접할 때 기존에 자신이 가지고 있던 유사한 지식을 끄집어내고 그것을 응용해서 이해도를 높이는데 이것이 바로 배경지식의 활용이다.
 어떤 것을 받아들일 때 그것과 관련된 다양한 지식과 경험이 있으면 쉽게 이해할 수 있다. 따라서 세상 속에 있는 다양한 지식들을 경험하고 이해하는 것은 읽기 동기를 향상시키는 좋은 방법이다. 그런 익미에서 생활 속 광고는 읽기 동기 향상을 위해 매우 유익한 도구라고 할 수 있다. 흔히 읽는다는 의미를 우리는 문자 텍스트에 국한하지만, 눈으로 볼 수 있는 영상매체인 광고도 좋은 읽기 텍스트가 된다.
 내가 매주 손꼽아 기다리며 챙겨보는 드라마가 있다. 이 드라마가

인기를 끌고 있다는 것을 보증이라도 하듯이 드라마 속의 남, 여 주인공이 텔레비전 광고 속에 등장하는 빈도수가 급격하게 늘어나고 있다. 드라마의 인기에 힘입어 주인공을 상업적 마케팅의 도구로 사용하려는 사업주들이 늘어났기 때문이다. 드라마 한 편을 볼 때도, 매일매일 신문을 읽을 때도, 심지어 인터넷 서핑을 할 때도 우리는 심심치 않게 다양한 종류의 광고를 만난다. 광고는 같은 시대를 살고 있는 사람들의 의식과 소비패턴, 생활 수준 등 그 시대의 문화를 대변해주는 집약된 문화의 결정체이다.

짧은 한편의 광고는 창의성의 보고임이 틀림없다. 그렇기에 광고를 제대로 읽어내는 능력을 키운다는 것은 시대의 흐름을 읽는 눈을 가질 수 있는 것이며, 아울러 창의적인 인재의 길로 누구보다 빠르게 진입할 수 있는 지도를 손에 쥔 것과 같다.

광고는 크게 공익광고와 상업광고로 나눈다. 공익광고란 공공의 이익을 생각하여 광고를 본 사람들의 행동 변화를 유도하는 것을 목적으로 하는 광고이며, 상업광고란 제품을 구매하도록 설득하는 것을 목적으로 제작되는 광고를 의미한다. 이러한 광고는 광고를 싣는 매체의 특성에 따라서 크게 텔레비전 영상광고와 신문, 인터넷 등의 문자광고로 나누어 볼 수 있다. 텔레비전 광고의 특성은 짧은 영상 이후에 강한 이미지를 길게 남겨준다는 것이다. 15초 정도의 짧은 시간 안에 시청자에게 내용을 전달해야 하므로 시청각적 효과를 극대화한다. 반면에 분량이 제한된 지면을 활용해야 하는 신문광고는 감각적인 이미지와 적절한 글자체, 인상적인 광고 문구를 사용한다. 광고를 통해서 소비자의 구매 욕구를 불러일으키거나, 공공의 이익을 위해서 대중에게 어떤 의미 있는 내용을 전달해주는 광고의 효과는 상상 이상이며, 이러한 광고는 놀라운 창의력의 보고이기에 광고를 제대로 읽는 능력을 갖췄다는 것은 큰 선물임이 틀림없다.

학교에서는 국어 시간에 매체활용에 대한 수업의 하나로 광고를 활용한다. 광고를 읽고, 자신의 것으로 재창조해보는 수업이다.

먼저 광고 읽기 첫 단계는 광고를 자신의 것으로 재창조하는 것이다. 기존의 신문이나 잡지 속의 광고를 하나 정하고 마음에 드는 사진과 카피 문구를 골라서 공책에 붙여보게 한다. 기존의 카피문구 대신 자신이 바꾸고 싶은 문구를 생각해보고 고쳐보거나 카피 문구는 그대로 두고 광고 사진을 다른 것으로 찾아서 바꾸거나 조합해본다. 카피 문구를 자기 맘에 드는 것으로 고치다 보면 표현력을 향상시킬 수 있고, 기존의 카피 문구에 다른 사진을 조합하는 활동을 통해서 다양성과 창의성을 키울 수 있다. 좋은 광고 문구를 정하려면 광고를 읽는 대상에 대한 예측이 필요하며 광고하는 상품의 성능이나 구성, 가격 등에 대한 충분한 이해가 필요하다. 광고를 재구성하는 활동을 통해 광고를 읽는 방법, 나아가 세상을 읽는 방법을 익힐 수 있는 것이다.

광고를 통해 세상을 읽는 방법을 배웠다면 거기서 한발 더 나아가 자신만의 광고를 만들어 보는 것이 좋다. 무엇을 광고할 것인지, 어떤 특성을 부각해 광고할 것인지, 광고를 읽는 대상은 누구로 정할 것인지, 상업적인 목적인지, 공익의 목적인지를 정하고 광고에 어울릴 카피도 생각해 본다. 광고 만들기는 광고에 대한 정확한 정보와 광고의 목적을 읽어낼 수 있어야만 가능하다. 처음부터 새로운 광고를 만들어 내는 것은 무척 어려운 일이다. 우선은 기존의 광고를 조금 변형시켜보는 연습을 꾸준히 하는 것이 좋다. 모방은 창조의 어머니라는 말이 있지 않은가. 자신만의 독창적인 광고를 만드는 연습을 꾸준하게 실행한다면 누구보다도 창의적인 아이디어를 가진 사람이 될 수 있을 것이다. 아이디어가 많아지고 창의력을 키울 수 있다.

이외에도, 상업적인 광고들 속에서 경제의 흐름을 읽을 수 있다는 점도 광고의 또 다른 이점이다. 경기의 흐름이 좋을 때 신문의 하단 광고의 대부분은 구인, 모집공고, 부동산, 매매 등의 광고들이다. 반대로 경기 흐름이 주춤해지면 이런 광고들은 급격하게 줄고, 어음부도나 사 금융권의 대출광고, 구직광고 등이 자리를 차지하게 된다. 이렇게 신문 광고들을 보면서 경제의 흐름도 어느 정도는 예측해 볼 수 있는데, 꾸준하게 신문과 광고를 읽어왔던 사람이라면 쉽게 읽어 낼 수 있다.

허위광고와 과장광고를 제대로 읽어내는 능력이 없어 손해를 입는 소비자들이 속출하기도 한다. 이렇게 혼란한 정보의 시대 속에서 광고를 제대로 읽는 눈을 키우기 위해서는 좋은 광고와 나쁜 광고를 구별할 수 있는 능력이 필요하다. 아이들과 광고 속에 숨어있는 허위, 과장 광고들을 찾아보고 그렇게 생각하는 이유가 무엇인지 이야기를 나눠보며, 자신이 광고를 만든다면 어떻게 고쳐주고 싶은지 재구성해 보는 활동을 통해 아이들이 광고 속에서 세상을 바로 보는 눈을 키워 줄 수 있다.

앞에서 광고의 종류를 상업광고와 공익광고로 나누어 볼 수 있다고 언급했다. 그런데 최근에는 기업의 이미지를 좋게 보이기 위한 기업광고도 늘어나는 추세다. 소비자와 동반 성장하길 꿈꾸는 기업이라는 이미지를 보이기 위해서 훈훈한 내용으로 텔레비전 광고를 내보내는 기업들이 늘고 있다. 최근에 봤던 기업 광고 중에 신년 인사로 "앞서 있다고 자만하거나, 뒤처져 있다고 실망하지 마. 2014년은 누구에게나 처음이니까."라는 문구로 기업을 홍보한 모 항공회사의 광고 문구가 크게 마음에 와 닿았다. 새해는 누구에게나 새로 시작할 수 있는 기회라고 격려하는 의미의 이 광고 문구는 깊은 인상을 남긴 좋은 광고의 예이다.

제대로 광고를 읽는다는 것은 광고의 목적과 취지에 적합한 광고인지를 판단하는 능력을 키우는 것이다. 이를 위해 다양한 광고를 관심 있게 찾아보고, 내가 뽑은 최고의 광고, 혹은 최악의 광고를 선별하여 그렇게 생각하는 이유를 적어보는 활동을 꾸준히 실천해야 한다.

광고 읽기도 다른 읽기와 마찬가지로 반복적인 연습이 광고를 보는 안목을 높여준다. 다양한 광고매체들을 재미있게 읽는 습관을 들여서 배경지식을 두루 쌓고 그것들을 활용해 읽기 동기를 향상하도록 하자. 오늘부터라도 신문이나 텔레비전을 볼 때 주의 깊게 광고를 읽는 연습을 시작해보면 어떨까?

1. 광고의 종류는 무엇인가요?
2. 이 광고에서는 무엇을 이야기하고 있나요?
3. 이 광고의 잘못된 점이나 과장된 부분은 무엇인가요?

세상과 교과서를
연결하라

아이들은 끊임없이 궁금해한다. 공부는 왜 하는가? 교과서 안의 지식이 과연 삶을 사는 데 필요한 것인가?

이러한 질문에 대한 답을 찾도록 도우려면, 세상과 교과서를 연결하는 힘을 키워줄 필요가 있다. 교과서 안의 내용이 단순히 암기력을 테스트하기 위함이나 성적을 평가하기 위한 것이 아니라, 세상을 살아가는데 기본이 되는 지식임을 알게 해 주어야 한다.

우리가 제시한 다양한 방법들은 아이들이 교과서 안의 지식을 세상과 연결하는 통로가 될 것이다. 매일 만나는 광고에, 신문 기사에, 동화 속 세상에 교과서의 내용을 연결할 수 있을 때 공부가 즐거워진다. 또한, 앞서 언급한 바와 같이 이러한 매체들은 배경지식을 넓히는 데 매우 중요한 작용을 한다. 뉴스나 신문 기사를 통해 세상의 변화와 사건 사고들을 수시로 들을 수 있고, 미술관에 전시된 그림을 관람하거나 도록(圖錄)을 보면서 작가가 그림 속에 숨겨둔 사상을 엿보는 것으로 작품 속의 시대상을 가늠할 수 있다. 광고를 통해서 시대의 트렌드를 읽을 수 있으며, 영화에서는 사회 부조리와 감춰진 진실들을 엿볼 수 있다.

이처럼 우리 주변에는 세상을 읽는 다양한 통로들이 존재한다. 그 중에서도 요즘 청소년들에게 가장 쉽게 다가서는 소통의 창구는 영화와 동영상으로 대변할 수 있는 '영상매체'이다. 대중매체의 발달과 여가생활의 확대로 대중문화를 경험할 기회들이 많아져서 요즘 청소년들은 유아기 때부터 눈뜨면 텔레비전으로 만화를 시청하고 교육용 비디오를 보면서 자란다. 그렇기에 책이나 신문 같은 종이 정보전달 매체보다 영상물이 익숙하고 편한 것은 어쩌면 당연한지도 모른다.

영상 매체 중에서도 전개가 빠르고 화려하고 감각적인 볼거리가 풍부한 영화는 좋은 세상 읽기 도구가 된다.

최근, 돌아가신 역대 대통령 중 한 분을 회상하게 하는 한편의 한국영화가 천만 관객을 넘어섰다는 뉴스를 접했다. 고인이 살아생전에 겪으셨던 과거의 어두운 시대상이 영화 곳곳에 등장했고, 고인의 안타까운 죽음을 기억하는 많은 국민들이 영화를 보며 눈물을 쏟았다는 여론에 한동안 문화가가 술렁대기도 했다. 영화가 흥행몰이를 하고 나서 영화 속 배경이 되는 시대상에 관심을 갖는 이들이 늘었고, 과거사를 검색하거나 찾아보는 이들이 증가했다.

언젠가 초등학생들을 대상으로 역사수업을 진행했을 때의 일이다.

삼국의 복잡한 정세와 전쟁사를 다루는 부분이었는데 백제와 신라의 고군분투와 나당연합군이 백제와 어떻게 전쟁을 치르게 되었는지를 아무리 자세히 설명해도 아이들은 쉽게 이해하지 못했다. 그래서 '황산벌'이라는 영화를 보여주었다. 아이들과 황산벌을 보면서 놀란 몇 가지 사실은 마치 감독이 그 시대를 직접 살아 본 듯 해박한 지식으로 영화를 만들었다는 것, 영화 관람 이후 아이들의 이해도가 확실히 좋아졌다는 사실이었다. 사실적 묘사를 위해 삼국의 주인공들이 사투리를 사용하고 영화 곳곳에서 재미 유발을 위해 욕이 거침없이 사용되는 점도 흥미로운 부분이었다. 그 시대를 직접 살아보지 못하고 경험하지 못했던 아이들이 영화를 통해 그 시대의 시대상을 읽어 내는 모습을 보면서 잘 만들어진 영화는 교육적인 효과가 매우 높으며, 세상을 읽는 통로의 역할을 감당하기에 충분하다는 것을 다시 한 번 깨달았다.

얼마 전 우리나라 근·현대 작가들의 그림을 관람할 기회가 있었다. 1920년대부터 1970년대까지의 시대상을 담은 백여 점의 작품들을 돌아보면서, 힘겹고 어려운 시기를 겪었던 조상들의 삶을 느껴볼 수 있었다. 나는 미술을 전공한 전공자도 아니고, 미리 작품 속 시대에 대해 공부한 것도 아니었는데 그림 속에서 담긴 시대상과 작가의 마음이 오롯이 전해져왔다. 일본 여성과 결혼했던 이중섭은 전쟁 이후 가난을 어쩌지 못해서 부인과 두 아들을 일본으로 귀환 보낸 후 가족을 그리는 마음을 작품 속에 녹여냈다. 그의 작품 『길 떠나는 가족』에는 가족을 태우고 어딘가로 떠나는 아버지의 모습이 그려져 있는데

이 그림에는 이중섭의 가족을 향한 그리움이 느껴진다. 이처럼 이중섭의 그림과 이중섭이 살았던 시대가 언제인지 알면 그 시대의 역사와 시대상을 읽어낼 수 있다. 이처럼 그림을 통해서도 영화 못지않게 충분히 세상을 읽어낼 수 있다.

천재 소년으로 알려진 송유근 군은 독서를 통해서 세상의 지식을 통합적으로 공부했다고 한다. 사물이나 현상에 대해 궁금한 점이 생기면 관련된 분야의 책을 찾아 읽고, 그 과정에서 또 다른 질문을 품고 다시 책을 찾아보면서 지식의 폭을 넓혀 갔다고 한다. 바람에 대한 궁금증이 책을 통해서도 해결되지 않자 송군은 직접 밖에 나가 바람을 맞아보기도 하고, 돛단배를 물에 띄워보면서 바람의 방향과 흐름에 대해 몸소 경험하는 공부를 시도했다. 송군처럼 세상을 향한 공부는 책 밖에도 다양한 실행, 경험을 통해서 할 수 있다. 진짜 공부란 책상에 종일 앉아 수학문제를 몇 십 개 푸는 것, 영어단어 몇백 개를 외우는 것이 아니라 직접 밖으로 나가서 자연에서 뛰어다니며 만져보고 경험하는 것들이라고 이야기하고 싶다.

큰 아이가 어릴 때 조립식 장난감을 함께 맞춘 적이 있다. 상자 겉면에는 완성된 모습이 그려져 있었고, 상자를 여니 조각조각 분리된 조립품들과 사용 설명서가 들어 있었다. 아이는 얼른 완성품과 같은 장난감을 만들고 싶었는지 무작정 비닐 포장을 풀고는 조립 부품들을 방바닥에 쏟아 놓았다. 아이는 나름대로 고심하며 자기 손가락보다 작은 부품들을 요리조리 끼워 맞추려고 끙끙거렸다. 처음엔 가만히 아이가 하는 행동을 지켜보기만 했다. 안간힘을 쓰던 아이는 이내 울음 섞인 목소리로 도움을 요청했다. 그때 아이에게 내민 것이 장난감 상자 안에 들어있던 제품설명서였다. 설명서를 보면서 적혀진 순서대로 하나씩 부품을 맞추다 보니 어느 순간 아이가 기대했던 멋진 장난감이 완성되었다. 그때 나는 아이에게 이렇게 말해주었다.

"세상을 살아가다 보면 어려운 문제들이 생길 때가 있단다. 내 생각과 내 능력으로 해결되지 않을 것 같은 어려운 일이 있을 때는 먼저 그 일을 겪어본 사람들에게 물어보고 도움을 청할 수도 있어. 그리고 그런 도움을 받을 수 있는 통로는 생각보다 여러 곳에 있단다. 그 통로가 부모님이나 선생님, 친구들일 수도 있고, 책이나 영화나 텔레비전일 수도 있어. 또 지금처럼 사용설명서가 도움을 줄 수도 있지. 네가 도움을 요청하고 손 내밀 용기만 있다면 세상 곳곳에는 너를 도와줄 많은 것들이 있다는 것을 기억하렴."

우리 아이들이 학교와 학원이라는 다람쥐 쳇바퀴 같은 생활에 쫓기며 자유도 포기한 채 힘들게 공부에 매달리는 진짜 이유가 무엇인가. 바로 세상을 살아가는 힘을 키우고 스스로 세상을 살아가는 방법을 배우기 위해서이다. 그렇다면, 세상을 살아가는 방법이 문제집과 교과서 안에만 있는 것이 아니라는 사실도 아이들에게 알려줘야 하지 않을까? 세상을 배우고 세상을 읽는 통로는 다양하다. 모든 것을 통해 세상을 배운다는 말이 바로 진리다.

3장

읽기 능력이
생각하는 힘을 키운다

질문만 잘해도
읽기 능력이 쑥쑥

'하브루타'라고 하는 유대인들의 전통적인 교육방법이 있다. 어릴 때부터 두 사람이 짝을 지어 지속적으로 질문하고 대화하며, 토론하는 방법이다. 질문은 행동할 수 있는 원동력이 되기도 하고, 좋은 질문은 변화를 유도한다. 코칭 스킬 중에서 가장 중요하게 여기는 것이 질문인 이유도 이 때문이다.

우리나라 학부모들이 학교에서 돌아온 아이들에게 '선생님 말씀 잘 들었는지'를 묻는 것과 달리 유대인들은 '선생님에게 무얼 질문했는지'를 먼저 묻는다고 한다. 질문이 얼마나 학습에 영향을 미치는지 알고 있기 때문이다. 우리나라의 교육방식은 '잘 듣는 것'을 강조한다. 학교에서 수업을 듣고, 학교가 끝나면 학원에 가서 또 많은 시간을 들는다. 이렇게 듣고 또 듣는데도 우리나라 교육의 현주소는 어떤가? 효율성 있는 학습이 이루어지지 못함과 동시에 학업 성취도가 떨어지는 아이들은 늘어만 가고 있다.

질문을 하려면 배운 것을 이해해야 한다. 제대로 된 학습을 위해, 이제는 효과적으로 질문하는 것이 중요하다. 스스로 의문을 품고 질문하는 아이는 그것을 공부의 동기로 삼을 수 있고 그 의문의 해답을 찾기 위해 폭넓게 생각하고 사고하게 된다.

두 학생이 있다. 둘 다 올해 10살로 같은 나이지만 읽기 학습능력은 각 12살, 8살 수준으로 상이했다. 이러한 읽기 학습능력의 차이는 지능지수의 차이, 배경지식의 차이, 정신연령의 차이 등 다양한 요인에서 비롯된다. 그렇다면, 이렇게 타고난 차이를 극복할 수 있는 방법은 무엇일까?

발달심리학자인 비고츠키는 '사람은 누구나 발달을 위한 기본적인 자질을 잠재적으로 가지고 있으며, 그런 자질은 유능한 타인의 안내를 통해 발달할 수 있다'고 말한다. 즉, 유능한 타인과의 상호작용은 언어를 통해 이루어지는데, '유능한 타인'은 코치나 부모 등 어른, '상호작용'은 적절한 질문이라고 볼 수 있다. 날카롭고 예리한 질문, 생각하는 힘을 끄집어내 주는 질문을 던질 수 있는 코치와 부모를 만난다면 우리 아이도 학습에 재미를 느낄 수 있으며 유대인처럼 창의적 사고를 할 수 있다는 이야기다.

질문은 크게 교사 중심형 질문과 학습자 중심형 질문의 두 가지 유형으로 구분한다. 교사 중심형 질문은 학습자의 사고를 확장하고 학습할 내용에 대한 이해와 습득을 강화하는 것이 목적인 질문이며, 학습자 중심형 질문은 학습자가 자기주도적으로 문제를 제기하고 그 해답을 찾아가는 능동적인 질문방법이다. 읽기 학습에서 코치나 부모가 적절한 질문을 활용하면 피코치가 읽기 학습에 대한 내적 동기를 갖게 되고 질문에 대한 대답을 찾는 과정에서 확장된 사고를 하게 된다.

흔히 사용되는 질문법으로는 '과제 제시 질문'과 '설명하기 질문'이 있다. 과제를 제시하는 질문의 예를 살펴보자. 편지를 쓰는 형식과 방법을 아는 것이 수업의 목표라면 이렇게 질문할 수 있다. "편지를 써본 적이 있나요?", "가장 최근에 편지를 보냈던 사람은 누구였나요?" 등과 같은 질문으로 학습 목표에 맞는 적극적인 사고를 할 수 있도록 유도한다. 아이들이 스스로 질문의 답을 생각하고 자신이 알고 있는 내용을 다시 한 번 떠올려봄으로써 수업에 대한 흥미를 높일 수 있다. 이렇듯 과제 제시 질문은 수업의 흥미를 유발하는 목적으로 행하는 질문이다.

설명하기 질문은 수업에 사용하는 기본정보를 사전에 제공하기 위한 질문 방법이다. 바꿔 말하면, 질문을 통해 학생의 배경지식을 활성화하여 학습 동기를 높일 수 있는 방법이다. 광고문에 대해 학습을 하는 시간이라면, "광고문의 목적이 무엇일까?", "광고문의 종류에는 어떤 것들이 있을까?" 등의 질문을 한 후 학생들의 대답을 듣고 부족한 부분을 보완하여 설명해주는 방식으로 수업에 적용할 수 있다.

Raphael은 독해력을 향상시키기 위한 방법으로 QAR(Question -Answer Relation)이라는 질문 전략을 개발했다. QAR은 스스로에게 질문하는 방법인데, 이것을 꾸준하게 적용하면 독해력이 향상된다는 연구결과를 발표했다. QAR은 '바로 거기에', '생각하고 찾기', '내 힘으로 질문'이라는 세 가지 형태의 질문전략이다. Pearson & Johnson의 세 가지 질문전략인 명시적 질문, 암시적 질문, 추론적 질문과도 유사하다. 이 방법을 활용하면 좀 더 효과적인 질문이 가능할 것이다.

첫 번째 '바로 거기에' 질문은 육하원칙과 관련된 질문방법이다. 누가, 언제, 어디서, 무엇을에 대한 내용 위주로 질문한다. 예를 들어, 아이들이 좋아하는 '브레멘 음악대'라는 동화를 읽고 질문을 한다면, "브레멘 음악대에 나오는 동물은 모두 몇 마리일까?"와 같은 질문이 '바로 거기에' 질문에 해당한다.

두 번째 '생각하고 찾기' 질문은 텍스트 안에 질문과 답이 들어 있으나 답을 찾으려면 글의 정보를 이용해야 한다. 따라서 텍스트에서 중심 내용을 이해할 수 있어야 대답할 수 있는 질문이 해당한다. 예를 들면 '브레멘 음악대'에서 "동물들은 왜 함께 브레멘으로 가자고 했을까?"와 같은 질문이 '생각하고 찾기' 질문에 해당한다.

세 번째 '내 힘으로 질문'은 읽는 사람의 배경지식을 활용해서 추론한 후에 질문하는 방법이다. 정해진 하나의 정답이 아니라 다양한 대답이 나올 수 있다. 예를 들면 "브레멘 음악대의 동물들처럼 어딘가로 떠나고 싶다는 생각을 해본 적이 있다면 언제 그런 생각을 해봤나요?"와 같은 질문이다.

이러한 세 가지 질문전략을 읽기 전, 중, 후에 활용하면 학습 내용을 쉽게 이해할 수 있으며 읽기 능력이 향상될 수 있다. 읽기 학습코칭 현장에서도 이러한 QAR 질문 방법을 활용해 텍스트를 읽은 후 스스로 질문을 만들어 보게 할 수 있다. 그러나 처음부터 스스로 질문을 만들고 질문에 대한 답을 찾아내는 것을 쉽게 할 수 있는 학생들은 많지 않다. 따라서 코치는 자기 질문이란 무엇이며, 어떻게 하는 것인지 위의 세 가지 방법을 활용해서 시범을 보인 후 학생이 익숙해질 때까지 지속적인 피드백을 해주는 것이 중요하다.

효과적인 질문하기를 통해서 읽기 능력은 향상될 수 있다. 꾸준한 질문하기 연습으로 읽기 능력을 향상시켜보자. 초등 교과서에 실려 있는 아래의 문장을 가지고 자기 질문전략을 실습해 보도록 하자.

"무더운 여름에 긴 코로 물을 내뿜기도 합니다."
"사람들은, 이런 나의 멋진 모습을 보고 노래를 지어주었습니다."

예시) '바로 거기에' 질문: "무엇으로 물을 내뿜나요?"
'생각하고 찾기' 질문: "사람들은 어떤 모습을 보고 노래를 지어주었나요?"
'내 힘으로' 질문: "나는 어떤 동물인 것 같나요?"

실습

바로 거기에	
생각하고 찾기	
내 힘으로	

브레멘 음악대를 읽은 후- QAR 질문 전략

	(예시)	(실습)
바로 거기에	브레멘 음악대에 나오는 동물은 모두 몇 마리 일까요?	
생각하고 찾기	동물들은 왜 브레멘으로 가자고 했을까요?	
내 힘으로 질문	브레멘 음악대 속의 동물들처럼 어딘가 떠나고 싶다고 생각해본 적이 있다면 언제였나요?	

생각의 그릇을 넓히는 브레인스토밍

창의적인 인재가 요구되는 시대다. 창의성이란 새로운 생각이나 의견을 생각해내는 능력을 의미한다. 어디서든 독특한 아이디어를 생산하고 그 생각의 고리들을 연결해서 현실화할 수 있는 사람을 우리는 창의적인 사람이라고 한다. 창의성은 사고를 유연하게 만들고, 이러한 유연한 사고는 학습에도 영향을 미친다. 교육현장에서도 창의성 교육은 뜨거운 감자와도 같다. 기존의 획일적인 교육체계와 틀에 박히고 고정화된 사회 제도들이 창의성을 막아왔음을 각성하고, 창의적인 생각이 '일반적이지 않고 독특하다'는 잘못된 인식에서 벗어나야 한다는 움직임들이 곳곳에서 일고 있다.

창의성을 계발하기 위한 방법으로 대두되는 것이 브레인스토밍과 마인드맵핑, 스캠퍼기법, 가정 뒤집기법 등이다. 이 중에서 브레인스토밍이란 오스본에 의해서 고안된 방법으로 우리나라에서는 '두뇌폭풍'이라는 말로 알려졌다. '두뇌폭풍'이란 네 단어가 브레인스토밍의 핵심을 잘 집약해 놓았다는 데 필자도 동의하는 바이다.

초기의 브레인스토밍은 집단 아이디어를 산출하는 기업경영에 적용되었던 방법이다. 테일러는 집단 브레인스토밍이 창의적 사고를 촉진한다는 연구를 발표한 바 있다. 집단 발상법을 기본으로 하는 브레인스토밍은 제한된 시간 안에 구성원들이 자유로운 사고와 자유발언을 통해 아이디어를 내는 방식이다. 브레인스토밍 현장에서는 다른 사람의 의견에 자기 생각을 덧붙여서 아이디어를 재조합하는 것은 가능하지만, 타인의 의견에 반대하거나 비판하는 것은 금한다. 자유로운 분위기 속에서 나이나 조건에 상관없이 주어진 주제를 가지고 가능한 많은 아이디어를 낸 후 선별작업을 거쳐서 가장 합당한 아이디어를 채택한다.

브레인스토밍 방법은 읽기 학습에도 적용해 볼 수 있다. 읽기라는 것은 단순히 문자를 해독하는 것이 아니다. 읽는 이가 가지고 있는 배경지식과 경험을 바탕으로, 글을 읽는 과정에서 얻은 새로운 지식과 정보를 조합하고 읽어내는 활동이다. '글을 읽고 그 의미를 이해하게 돕는 단서들을 찾거나', '자신의 배경지식에 근거해 예측'하며, '예측한 것의 진위를 검증하고 내용을 요약, 결정'하는 활동이 제대로 된 읽기라고 할 수 있다. 이러한 읽기 학습 과정에서 스키마는 다양한 배경지식을 쌓게 하는 매우 중요한 역할을 한다. 이때 스키마를 확장하고 활성화 시키는 방법으로 브레인스토밍을 꼽는다.

브레인스토밍은 창의적인 글쓰기나 학습 지도를 시작할 때, 다양한 아이디어를 산출하도록 도움을 준다. 또한 해결되지 않을 것 같았던 문제들이 브레인스토밍을 통해서 해결되거나 다른 사람의 의견을 통해 새롭고 창의적인 아이디어를 얻는 경우도 있다. 필자도 이와 같은 사례를 코칭 현장에서 종종 목격하곤 했다.

브레인스토밍은 교과 과정의 모든 영역에서 활용할 수 있다. 특히 읽기 학습에서는 읽기 전 단계에서 활용도가 높다. 피코치에게 교과서나 텍스트를 바로 읽히는 것보다 브레인스토밍으로 읽기에 대한 동기를 부여하고 배경지식을 활성화해주면, 텍스트를 읽을 때 목적을 가지고 읽게 된다.

브레인스토밍에서는 서기가 모든 의견을 기록하는 것을 원칙으로 한다. 따라서 읽기 학습코칭에 브레인스토밍을 적용할 때는 코치나 피코치들 중에서 서기를 정할 필요가 있다. 물론 서기도 참석자의 한 사람으로서 자신의 의견을 발표할 수 있다. 정답을 확인하는 것이 목적이 아니기에 브레인스토밍 단계에서는 다른 사람의 의견을 무조건 수용하며 그 의견에 동의해야 한다. 그러나 브레인스토밍을 하다 보면 다른 사람의 의견을 경청해서 듣는 것, 특히 그 의견을 비판 없이 듣는다는 것이 매우 어렵다는 것을 경험하게 된다. 말은 잘하는 것보다 잘 듣는 것이 더 어렵다. 남의 말을 경청하는 습관은 일상생활의 대인관계뿐만 아니라, 학습에서도 매우 중요하다. 주의 깊게 잘 듣는 아이가 공부도 잘할 수 있다.

그렇다면 브레인스토밍을 읽기 학습에 어떻게 적용할 수 있을까? 교과서를 읽기 전에 브레인스토밍을 활용하는 방법을 간단한 예로 들어보겠다.

'선사시대 사람들'에 대해 배우는 사회 시간이라면 텍스트를 읽거나 학습에 들어가기 전에 '선사시대'에 대해서 브레인스토밍을 해볼 수 있다. 집단코칭을 할 때, 피코치들에게 '선사시대' 하면 떠오르는 단어나 어휘들을 자유롭게 적어보도록 한다. 그리고 비슷한 단어나 어휘들끼리 묶어보도록 한 후 그 분류목록에 이름을 지어주도록 한다. 그런 후에는 그렇게 분류한 까닭을 물어본다. 다양한 단어와 어휘를 적어보고 그것을 선별한 까닭을 이야기하는 과정을 통해 피코치들은 사고와 배경지식이 확대되는 경험을 하게 된다.

역사 수업을 지루해하는 아이들이 많다. 각각의 시대 안에 다양한 사건과 인물이 등장해서 그것들을 이해하고 암기하는 것이 어렵기 때문이다. 이런 아이들에게도 브레인스토밍 기법으로 이용해 역사에 흥미를 갖게 할 수 있다. 각 그룹이나 학생에게 구석기, 신석기, 청동기, 삼국, 고려, 조선 전기, 조선 후기 등으로 역사를 시대 순으로 구분한 표를 나누어준 후 제한된 시간 안에 가능한 많은 단어나 어휘를 채워 넣도록 하는 방법이다. 팀별 게임처럼 응용할 수 있으며 내가 많이 알지 못하더라도 다른 팀원과 함께 칸을 채워나가면서 자연스레 새로운 정보들을 배우는 통로가 될 수 있다. 즉 브레인스토밍이 기존의 지식과 새로운 지식을 연결하는 고리 역할을 하는 것이다. 또 다른 팀원과 상호작용하는 가운데 자신의 배경지식이 확장하는 경험을 할 수 있다. 자신들의 잘못된 정보와 자료들은 이후 행해지는 학습을 통해서 제대로 알게 되는 효과도 있다.

배운 것을 오래 기억한다는 것은 시험을 잘 보는 데도 유리하게 작용한다. 브레인스토밍은 보통 읽기 전 활동에 활용하지만, 읽고 난 후 정리학습의 대안으로 활용할 수도 있다. 일종의 복습이다. 학습을 통해 익힌 지식과 정보들을 브레인스토밍을 통해 복습하면서 체계적으로 정리하고 더 잘 기억할 수 있다.

브레인스토밍을 활용해서 초등 저학년 대상으로 집단코칭을 한 적이 있다. 중심 텍스트는 통합 교과에 수록된 그림책, '만희네 집'이었다. 우선 '집'이라는 단어를 제시하고 떠오르는 것들을 자유롭게 적어 발표해보는 '어휘 브레인스토밍'을 했다. 그 후에는 제목과 집 그림으로 꾸며진 겉표지를 보여 주며 자신의 집에 대한 이야기나 각자의 경험을 나누어 보게 했다. 이를 '내용 브레인스토밍'이라고 한다. 이때 서기는 엉뚱한 이야기를 하는 친구들의 생각도 수용하고 받아 적을 것을 규칙으로써 미리 이야기해두는 것이 중요하다.

1단계의 어휘와 내용 브레인스토밍이 끝난 후에는 본격적인 읽기 단계에 들어갔다. 책의 내용을 함께 읽어보고 책 안에 있는 어휘와 단어들의 의미를 정확하게 이해할 수 있도록 함께 찾아보는 활동을 했다. 그리고 읽기 전 활동에서 시도했던 어휘 브레인스토밍을 다시 시도했다.

2단계의 어휘 브레인스토밍에서는 이미 책을 읽은 후 어휘에 대한 점검을 거친 후이고 1단계 브레인스토밍으로 배경지식이 확장된 상태여서 처음보다 좀 더 다양하고 많은 단어와 어휘들이 나오는 경험을 하게 되었다. 이렇게 뽑힌 어휘들을 연관성 있는 것끼리 그룹으로 묶는 활동을 하고 그룹별로 이름을 짓도록 하면 이 과정에서 아이들은 좀 더 깊이 있는 사고를 하게 된다. 팀별로 그룹화한 어휘목록들을 살펴보면서 적절하지 못한 어휘나 반대로 좀 더 추가할 어휘들은 없는지 함께 나눠보게 하였다. 이 마무리 단계 활동은 책의 내용을 요약, 정리할 수 있으며 마무리 요약정리 작업 시 복습의 의미로 브레인스토밍을 다시 활용할 수도 있다.

위와 같은 수업의 경험들을 토대로 브레인스토밍을 읽기 학습에 적용하면 읽기에 대한 흥미를 높일 수 있고, 피코치들의 어휘 능력과 내용 파악 능력이 향상되는 것을 볼 수 있었다. 브레인스토밍은 읽기 학습에 적극적으로 활용할 만한 방법이다.

우리 아이들의 창의적인 재능을 확인하고 개발하는 목적으로도 브레인스토밍의 의미는 매우 크다. 창의성이야말로 글로벌 경쟁시대를 사는 우리 아이들에게 보다 나은 삶을 영위하게 하는 필수 요건이기 때문이다. 현대 사회는 하루가 다르게 변화하고 빠르고 복잡해져 가고 있지만, 아직도 해결되지 않은 많은 문제들이 곳곳에 남아있다. 아이들의 창의적 사고가 다양한 문제 해결능력을 키워준다면, 또한 브레인스토밍 기법을 통해 이러한 문제 해결능력이 키워질 수 있다면 미루지 말고 이를 적용해 볼 만한 일이다.

오늘 당장 간단한 주제에서부터 아이들과 브레인스토밍을 시도해 보자.

역사시대구분

역사시대구분	브레인스토밍을 통한 자유연상
구석기	
신석기	
청동기	
삼국시대	
고려시대	
조선 전기	
조선 후기	

제한된 시간 안에 팀별 혹은 개인별로 가능한 많은 단어나 어휘를 채워넣도록 한다.

읽기의 바다에
빠트려라

 요즘 필자는 읽기와 학습을 다루는 다양한 책과 논문 읽는 재미에 빠져있다. '읽기 학습과 관련된 책을 집필한다'는 목적이 동기가 되었기 때문이다. 더구나 여러 종류의 자료를 읽으며 새로운 정보와 지식을 알아가는 재미를 느끼니 또 다른 읽을거리들을 찾게 되고, 읽기는 시간 가는 줄 모를 만큼 즐거운 일이 되었다. 한마디로 책 읽고 책 쓰는 것에 몰입된 상태이다. 요즘 필자의 이런 행동은 누가 강제로 시켰거나 '보상 혹은 벌을 준다'는 말 때문에 시작한 행동이 아니다. 내 내면에서 자발적으로 우러나오는 것이야말로 순수하게 무언가를 즐길 수 있는 동기가 된다.
 동기란 어떤 일을 시작하고 지속적인 행동을 유지해서 목표를 달성하고자 하는 마음을 의미한다. 동기는 처벌을 피하거나 보상을 받는 것에 의해 좌우되는 외적 동기와 외부 환경 변화와 상관없이 자발적으로 지속하고자 하는 내적 동기로 구분된다. 과거에는 상벌이나 보상과 같은 외적 동기가 학습에 영향을 미친다는 의견이 많았지만, 요즘에는 외적 보상이 반드시 필요하지는 않으며, 내적 동기에 의해 충분하게 학습활동을 유지할 수 있다는 의견이 대두되고 있다.

내적 동기의 대표적인 요인은 자기결정성과 유능성이다. 어떤 일을 실행할 때 그것이 스스로 선택한 자발적인 일이고, 그 일을 유능하게 해냈다는 유능감이 뒤따를 때 내적 동기가 높아지며 지속적으로 동일 행동을 실행하는 원천이 될 수 있다. 그동안 코칭 현장에서 수많은 아이들을 만났다. 성적이나 성격, 환경 등은 저마다 다르지만, 내면 깊은 곳에는 공부를 잘 해보고 싶다는 공통의 목표가 있었다. 그러나 아무리 학습에 대한 성취 욕구가 높다고 해도, 효율적인 학습 방법을 모르거나 지속적인 좌절의 경험이 누적되면 자신감을 잃고 만다. 또한 정서적인 안정감이 부족하거나 부모와의 애착과 유대관계가 제대로 형성되지 않은 경우에도 심리적인 어려움을 겪음으로써 학습에서 멀어지는 등, 다양한 내적 동기의 부족은 학습부진으로 이어지는 경향이 높다.

자기결정성과 유능성 외에도 학자들은 내적 동기를 구성하는 요인이 자율성, 자존감, 소속 및 유대감, 흥미, 호기심 등이 포함된다고 정의한다. 여러 가지 내적 동기의 구성 요인 중에서도, 나는 '자존감'을 내적 동기의 핵심이라 생각한다. 자존감은 학습과도 밀접한 연관성을 가지고 있다. 따라서 내적 동기를 향상하기 위해 가장 우선시해야 하는 것이 다름 아닌 피코치의 자존감 향상이다. 앞 장에서도 자존감의 중요성에 관해서 이야기했듯이, 학습 상황에서 피코치의 높은 자존감은 매우 중요하다.

자존감이 높은 사람은 타인의 단점이나 부족함을 질책하거나 찾아내기보다는 타인을 긍정적으로 대하고, 타인의 장점을 칭찬하는 것에 인색하지 않다. 자신에게 인색하지 않기에 타인에게도 관대할 수 있고 자신의 가치와 중요성을 알고 있기에 실패나 좌절의 상황에서 회복 탄력성도 뛰어나다. 코칭 현장에서 만났던 자존감이 높은 아이들은 대체적으로 스스로 목표와 계획을 위해 노력하고 지속적으로 자신을 점검하는 능력이 뛰어났다.

코칭을 하다 보면 부모를 만나 이야기해야 할 경우가 있다. 재미있는 사실은, 자존감이 낮은 아이는 엄마의 자존감도 낮은 경우가 많다는 것이다. 양육방식이과 피코치가 처한 환경이 아이의 인성과 성적에 미치는 영향력이 큼을 확인할 수 있는 예라고 볼 수 있다. 학습결손이 있거나 학업성적이 저조한 아이라도, 부모님과의 관계가 좋고 자존감이 높을 때 코칭의 효과도 좋으며 학업성적도 눈에 띄게 개선되고 변화하는 모습들을 보인다.

읽기 학습에서도 동기의 영향력은 크다. 그렇다면 어떻게 하면 이런 자발적이고 내적인 동기를 향상시킬 수 있을까? 읽기 학습에 영향력을 미치는 읽기 동기 향상요인은 크게 네 가지로 구분해 볼 수 있다.

첫째는 읽기에 효능감을 갖도록 하는 것이다. 읽기 효능감은 내적 동기로 볼 수 있으며, 자기효능감과 유사하다. 읽기 효능감이 높은 아이들은 스스로 읽는 행위를 좋아하고 자신이 잘 읽고 있다고 믿기에 읽는 것에 더욱 흥미를 보인다.

둘째는 읽기에 몰입하는 경험을 갖는 것이다. 책을 읽고 몰입을 경험하여 상상에 나래를 펼치고, 주인공과 자신을 동일시하는 경험을 통해 읽기에 대한 지속적인 동기부여가 가능해진다. 몰입은 읽는 행위에서 카타르시스를 느끼고 읽기 활동 그 자체에 목적을 두게 하므로 내적 동기에 해당한다.

셋째는 사회적인 상호작용이다. 읽기를 통해 또래와의 공감대를 형성해 본 경험이나, 읽기학습 중에 이루어지는 다양한 활동들을 통해서 자신이 사회와 상호작용한다고 느끼게 되면 다시금 읽고 싶다는 동기가 유발되는데 이는 읽기를 유발하는 외적 동기라고 볼 수 있다.

넷째는 전형적인 외적 동기인 인정 및 보상이다. 읽기 활동을 통해서 부모님이나 교사에게 칭찬과 인정을 받고, 다양한 독서 경험을 통해 학업에서도 좋은 성취를 얻음으로 인해 읽기를 지속하게 된다.

지속적인 읽기를 가능하게 하는 요인으로 Pilgreen & Krashen은 ①읽기 자료에 쉽게 접근할 수 있을 때 ②아동이 흥미를 느끼는 읽기 자료를 읽을 때 ③방해받지 않고 책을 읽을 수 있는 독서 환경을 갖출 때 ④교사의 격려가 있을 때 ⑤훈련된 교사와 함께 읽을 때 ⑥읽기에 대한 강압적인 책임과 의무가 없을 때 ⑦읽기의 후속 활동이 있을 때 ⑧책 읽을 시간을 할애할 때 등 8가지로 이야기하고 있다.

읽기의 지속성을 위해서는 아이들에게 읽을 책이나 텍스트를 자발적으로 선택할 수 있는 자기결정의 기회를 부여해주는 것이 필요하다. 자녀가 어리다면 더 좋다. 어릴 때부터 읽고 싶은 책들을 선택할 기회를 주자.

스스로 책을 읽을 수 있는 시기가 되면 책을 읽을 시간적 여유와 공간을 주자. 아이는 이런 여유 속에서 책을 몰입해서 읽으며 책 속의 주인공과 자신을 동일시하는 경험을 하거나 상상의 나래를 펼쳐볼 수 있다. 도서관이나 서점과 같이 읽을거리들이 많은 환경에 의도적으로 노출시켜서 읽기 자료에 쉽게 다가갈 수 있게 해준다면 더욱 좋다. 또한 읽기 학습을 하면서 소감문이나 북아트 같은 눈에 보이는 결과물들을 완성하는 성취 경험을 갖게 도와주고, 교과와 연계된 독서를 통해 학업과 독서가 연관성이 있다는 것을 알게 해주자. 연계성 있는 독서 활동을 통해 학업 성적이 향상 되는 경험을 한다면 읽기 동기는 지속적으로 유지될 수 있을 것이다. 그러나 이러한 모든 것들이 강제적이거나 책무를 부여하는 분위기가 되면 바람직하지 않다는 것을 잊지 말자.

요즘 아이들은 참 바쁘다. 학교에, 학원에 하루 대부분을 소비하고, 귀가 후에도 숙제를 하느라 아이들의 24시간은 참 분주하다. 아이들의 우선순위에서 독서나 읽기는 순위 밖이다. 우리 아이의 읽기 동기가 향상되기를 희망한다면 여유를 가지고 책을 읽을 수 있는 시간부터 만들어 주는 것이 우선이다. 심심할 때 창의성이 커진다는 말처럼, 여유가 있어야 읽을거리에 눈을 돌릴 수 있음을 기억하자.

PART
3

기적의
읽기 능력 회복법

1장

읽기의 기초체력을 키워라

어휘력을 향상시키는 몇 가지 방법

앞에서는 읽기 동기를 향상시키기 위해 스키마를 활용하는 방법과 배경지식을 활성화하는 방법에 대해서 살펴보았다. 이번 장에서는 읽기 학습능력을 향상시키기 위한 구체적인 방법인 읽기 수행전략에 대해 이야기하고자 한다.

  2013년에 바뀐 새 교과서를 보면 암기식 교육은 줄이고 실생활과 연계된 교육 내용이 주를 이루는 것을 볼 수 있다. 특히 가장 많이 바뀐 것이 수학 교과인데, 기존의 문제풀이나 계산 위주의 내용보다는 원리를 깊게 이해하고 풀이 과정을 중요시하는 '스토리텔링 수학'으로 바뀌었다. 스토리텔링 수학은 재미있는 이야기를 통해 수학의 원리를 깨우치도록 돕는다. 아이들이 이야기를 읽는 과정에서 문제를 발견하고 진단하며 스스로 원리를 알아가도록 구성하고 있다. 스스로 궁금증을 발견하고 원리를 찾아내는 과정은 읽기 학습 과정에서 일어나며 단순히 글자를 읽는 것에 그치는 것이 아니라 글에 나와 있는 의미를 분석하는 활동을 의미한다. 즉, 맥락 속에서 어느 부분이 중요한지, 무엇에 관한 내용인지를 찾아가는 과정이 바로 읽기 과정이며 학습의 과정이라고 볼 수 있다.

이번 장에서는 읽기 학습능력을 향상시키기 위해서 실천할 수 있는 방법을 크게 두 개로 나누어 진행하려고 한다. 먼저, 학습 상황에서뿐만 아니라 다양한 읽기현장에서 읽기 능력을 향상시키는 방법들에 대해 이야기할 것이다. 어휘력을 향상시키는 방법과 SQ3R 전략, 그리고 메타인지를 활용한 읽기 학습능력 향상법에 대해 알아보고 피코치에게 어떻게 활용할 것인지를 다루고자 한다. 다음으로는 학습 상황에서 읽기 능력을 향상시키는 방법에 대해 구체적으로 다룰 예정이다. 학습 상황에서 사용되는 교과서의 텍스트는 대부분 20~30% 정도의 중심 내용으로 이루어져 있고, 나머지 70~80%는 중심 내용을 설명하거나 뒷받침해주는 문장들로 이루어져 있다. 읽기 학습코칭을 통해서 중심 내용과 그것을 설명해 주는 내용을 구분하고, 핵심어를 찾아 효과적으로 학습하는 방법에 대해 알려주고자 한다.

'인지', '가용시간', '피코치', '회기'
학습코치들이 주로 사용하는 단어이다.
공사장에서 일하는 사람들, 혹은 요리를 전문적으로 하는 사람들은 그들만이 주로 사용하는 단어들이 있다. 그 분야에 전문적으로 사용되는 단어를 많이 알고 있다는 것은 다른 의미로는 그 분야에 전문가라고 할 수 있을 것이다. 이처럼 어휘력이 풍부하다는 것은 깊은 지식을 가지고 있다는 것을 의미하며 그 분야에 대해 깊이 이해하고 있다는 말이기도 하다. 어휘력은 비단 독해에서만 필요한 능력은 아니다. 글을 읽는 행위 말고도 일상생활에서 다양한 어휘를 구사할 수 있다는 것이 대단한 힘이 된다. 상황이나 맥락에 맞는 정확한 표현을 하게 되면, 나의 의사를 충분히 전달할 수 있을 뿐 아니라 좀 더 깊이 있는 의사소통을 할 수 있게 된다. 즉, 어휘력은 의사소통 능력이며 세상을 깊게 본다는 의미이다.

어휘력을 향상시켜야 하는 이유는 세상을 깊게 이해하도록 돕는다는 것도 있지만, 학업평가 영역에서도 어휘력을 요구하는 문제들이 많이 출제되고 있기 때문이기도 하다. 다음은 2013년 서울시교육청에서 출제한 고2 모의고사 국어영역 문제이다.

> (예문)
>
> 고온의 외핵이 하부 맨틀의 특정 지점을 가열하면 이 부분의 중심부 물질은 상승류를 형성하여 ⓐ움직이기 시작한다. (중략)
>
> 문제 : 다음 중 ⓐ와 바꿔 쓸 말로 가장 적절한 것은?
>
> ①가동(可動)하기 ②약동(躍動)하기 ③이동(移動)하기
> ④작동(作動)하기 ⑤진동(振動)하기

위 문제는 '움직인다는 것'의 뜻을 이해하고 정답을 맞히는 능력을

평가하기보다는 가동, 약동, 이동, 작동, 진동의 다양한 어휘가 어떠한 맥락에서 사용되는지 이해하고 세밀하게 표현할 수 있지를 평가한다고 볼 수 있다. 즉, 풍부한 어휘를 이해하며 읽는다는 행위는 단순하게 글자를 읽는 것을 넘어서는 것이다. 어휘력을 향상시키는 것은 독해력을 키우기 위한 행위만은 아니며 더 넓고 깊은 세상을 이해하는 눈과 표현하는 능력을 키우는 행위이다.

피코치를 만나 학습코칭을 진행하다 보면, 교과서에 나와 있는 단어의 뜻을 알지 못하는 경우가 많이 있다. 상위학년에 올라갈수록 더 많은 어휘를 알아야 하는데도 단어의 뜻을 이해하지 못하고, 무조건 외우려고만 하니 노력하는 것에 비해 좋은 결과를 가져오지 못하는 것이다. 열심히 노력하는데도 학년이 올라갈수록 성적이 떨어지는 학생이 있다면 어휘력이 부족한 것은 아닌지 점검해봐야 할 것이다.

어휘력을 향상시키기 위한 방법으로 한자교육을 빼놓을 수 없다. 우리나라 글을 이해하기 위해서는 한자 교육이 반드시 필요하다. 특히, 초등학교 시절의 한자교육은 정확한 우리말을 구사하는 능력을 더해주기 때문에 반드시 필요한 부분이라고 할 수 있다.

그러나 현재의 한자교육에서 조금 고민해야 하는 부분이 있다면, 교과서에 나와 있는 단어나 일상에서 주로 사용하는 단어를 한자와 연결하는 연습이 부족하다는 것이다. 무조건 한자를 가르치는 것보다는 일상생활에서 접하는 단어가 한자의 어떤 뜻과 연결되었는지 설명해주는 실제적인 한자 교육이 필요하다.

학년별 교과서에 나오는 단어는 그 학년의 수준이면 반드시 알아야 할 필수어휘이다. 따라서 교과서 단어 중에 이해되지 않는 단어는 한자로 공부하면 좀 더 효과적이지 않을까 생각된다.

얼마 전 뉴스에서 한 고등학교가 교과별 기초한자를 만들어 학생들에게 익히게 함으로써 기초학습능력을 향상시켰다는 뉴스를 본 적이 있다. 이 학교에서는 1학년 학생들에게 교과서에 나오는 어휘들을 기초한자로 다뤄서 일상적인 학습 상황에서 연결하도록 지도하였다. 이때 어휘는 각 교과의 선생님들이 추천한 것들로 구성했다고 한다. 이렇게 하니 강제로 암기시키지 않았음에도 학생들의 수업 이해도가 높아졌고, 일상생활에서도 어휘를 활용할 수 있었다. 이 뉴스는 한자 교육이 어떻게 진행되어야 효과적인지 잘 보여주는 사례다. 국어사전의 70%는 한자 어휘다. 교육과정에서 필요한 어휘들을 한자와 연결지어 이해할 수 있도록 돕는다면, 이를 실생활에 꼭 필요한 교육으로 인식하고 즐겁게 배울 수 있을 것이다.

문장 끊어 읽기도 어휘력을 향상시키는 또 다른 방법이다. 초보 독자들은 주로 단어 단위로 끊어 읽기를 한다. 그러나 고급 독자는 절이나 구 같은 의미단위로 끊어 읽는다. 어휘력을 향상시키기 위해서는 단어 단위가 아닌 의미 단위로 끊어 읽는 연습을 하는 것이 좋다. 텍스트를 읽을 때 연필로 사선을 그으며 읽는 것이다. 문장을 읽으면서, 한눈에 들어오는 문장만큼 사선으로 표시한다. 글을 읽을 때 단어 위주가 아닌 의미 단위로 끊어 읽는 연습을 하게 되면 읽는 속도도 향상될 뿐 아니라 내용의 의미를 파악하며 읽는 것에도 도움이 된다. 이때 모르는 단어에는 동그라미를 친다. 본인이 모르는 단어를 찾아내고 의미를 생각하면서 읽는다. 이는 전체 맥락을 이해하는 데 도움이 된다. 다음에는 자신이 중요하다고 생각하는 곳에 밑줄을 치면서 읽는다. 만약에 반복되어 여러 번 강조하는 말이거나 본인의 생각에 가장 중요하다고 생각되는 단어에 ※표 등으로 표시한다면 주제어를 찾는 데도 도움이 된다. 사선으로 끊어 읽으며 중요하다고 생각되는 부분에 밑줄 치기까지 완료했다면 이번에는 제목을 만들어 본다. 스스로 제목을 만들어 보는 활동은 창의력을 향상시키고 중심 생각을 효과적으로 찾아내는 방법이 될 수 있다.

> (예)
>
> 요즈음 / 어떤 / 학생 / 들은 / 외제 / 학용품을 / 많이 / 쓴다. /
> 그 / 친구 / 들은 / 일본이나 / 미국의 / 학용품이 / 우리 / 나라 / 것보다 / 좋다고 / 한다. /
> 그러나 / 우리 / 나라 / 제품도 / 선진국 / 제품 / 못지 / 않다. /
> 선생님께서 / 얼마 / 전에/ 우리 / 나라도/ 학용품을 / 외국으로 / 많이 / 수출 / 한다고 / 하셨다. /
> ⋯▶ 나는 / 우리/나라 / 학용품을 / 써야 / 한다고 / 생각 / 한다. /
>
> 요즈음 많은 초등학생 아이들이 / 수면 부족에 시달린다. /
> 학교 숙제와 / 학원 숙제를 하느라 / 잠자는 시간이 / 늦춰지기 때문이다. /
> 초등학생 시기는 / 성장을 위해서 / 충분한 수면이 / 필요한 시기이다. /
> 뇌가 활성화하기 위해서도 / 충분한 수면은 / 반드시 필요한 요소이다. /
> ⋯▶ 나는 초등학생에게 충분한 수면이 필요하다고 생각한다.

의미 구조도를
만들면
읽기가 쉽다

내가 만난 피코치 중에 선영이라는 중학생 여자아이가 있다. 학습에 어려움이 있다고 느낀 어머니가 학습코칭을 의뢰한 학생이다. 수줍음이 많고 내성적인 성격이었지만, 성실하고 차분한 성격을 가진 예쁜 아이였다.

선영이가 제일 싫어하는 과목은 국어 과목이다. 당연히 국어 과목 성적은 매우 낮았다. 국어책을 읽어보라고 하자 차분한 성격처럼 막힘없이 잘 읽어 내려갔다. 글자를 읽는 것에 어려움을 느끼지 않았고, 천천히 읽어야 한다는 나의 말을 따라 끝까지 성실하게 읽어냈다. 교과서를 다 읽은 후에는 읽은 내용을 자신의 말로 이야기해보라고 하였다. 한 페이지 정도 되는 분량이었지만 선영이는 그 내용이 무엇인지 말하지 못하였다. 읽기는 했지만, 전혀 내용이 기억이 나지 않는다고 말했다.

선영이에게 무슨 일이 일어난 것일까?

선영이는 읽기 학습부진의 전형적인 모습을 보인다. 글자만 읽을 뿐, 글 속에 숨어있는 의미를 찾아내지 못하는 것이다. 글을 읽는다는 것은 단순히 낱말로 이루어진 것을 읽어 내는 것이 아니라, 의미단위로 묶여 있는 맥락을 이해한다는 것을 말한다. 글의 내용을 의미 중심으로 구조화하기 위해서는 그 내용을 분석하고 비판하는 인지 처리 능력이 필요하게 되며, 주도적으로 학습 과정에 참여하도록 코칭해야 할 필요가 있다. 이번 장에서 이야기할 의미 구조도 만들기는 전체적인 내용을 파악하는 데 도움을 주는 읽기 학습전략 중의 하나이다.

의미 구조도란, 물고기 등뼈 모양의 시각적 도식에 전체적인 내용을 구조화하여 적어 넣은 것을 말한다. '누가, 언제, 어디서, 무엇을, 어떻게, 왜'라는 6가지 질문으로 내용을 정리함으로써 사실적 이해에 많은 도움을 준다. 이렇게 전체적인 내용을 정리한 후에는 본인의 말로 다시 말해보도록 하는 것이 중요하다. 이러한 행위를 통해 회상력을 높이고 글의 구조를 이해하게 된다.

의미 구조도 만들기를 지도하는 방법은 다음과 같다.

먼저, 큰소리로 문장을 읽도록 한다. 가능하면 천천히 읽는 것이 좋다. 문장을 읽은 후에 누가, 언제, 어디서, 무엇을, 어떻게, 왜라는 질문에 스스로 답을 찾아보도록 한다. 처음에는 어려워할 수 있으므로 코치가 "언제 일어난 일일까?", "누가 갔다고 말하고 있지?", "왜 그런 일이 생긴 것 같아?" 등의 질문을 통해 피코치의 생각이 열리도록 도우면 좋을 것이다. 그런 후에 답을 생각하면서 다시 한 번 읽도록 지도

한다. 읽기가 끝나면 물고기 모양의 활동지를 만들어서 생각나는 대로 적어 보도록 격려한다.

다음 문장을 읽고 의미 구조도를 만들어 보자.

> 가빈이는 정조 대왕에 대한 위인전을 읽고 지난 화요일에 엄마와 함께 수원에 있는 화성행궁에 다녀왔다. 직접 화성을 보면서 정조대왕의 업적을 체험하기 위해서이다.

제목 :

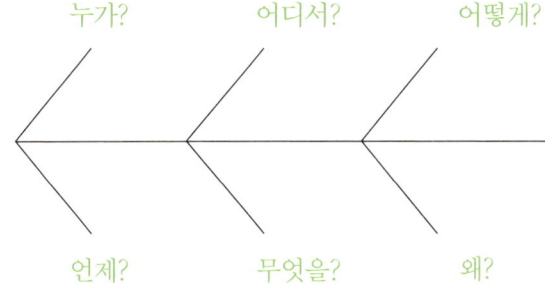

짧은 문장일 경우 물고기 등뼈 형태의 구조에 의미를 넣는 방법으로 구조화하는 방법이 편리하다. 반면에 긴 동화나 이야기 글이라면 다음과 같은 활동지를 사용하면 좋을 것이다.

의미 구조도 만들기

날짜 :

이름 :

제목 : 사이좋은 형제

누가	이야기의 주인공은 누구인가요?
언제	이 이야기는 언제 있었던 일인가요?
어디서	어디에서 일어난 일인가요?
무엇을	형제가 나누려고 했던 물건은 무엇인가요?
왜	볏단 더미는 왜 줄지 않고 그대로였나요?
어떻게	밤새도록 볏단을 나르던 형제는 어떻게 되었나요?

피코치가 작성을 마쳤다면 구조를 생각하면서 전체 내용을 말해 보도록 한다. 의미 구조도를 만들면서 텍스트 전체를 사실적으로 이해하고, 회상하며 말하기를 통해 맥락 속에서의 어휘의 의미를 이해하는 능력을 키울 수 있을 것이다.

다음 글을 읽고 물음에 답하여 봅시다.

> 꿈을 찍는 사진관
> - 강소천
>
> 나는 문을 두드렸습니다.
> "누구시오? 들어오시지요!"
> 낮고 부드러운 목소리가 안에서 들려왔습니다. 나는 문을 열고
> 안으로 들어갔습니다.
> 하늘빛 파란 가운을 입은 점잖은 신사 한 분이 하늘빛 파란 안경을
> 벗어 테이블 위에 놓으며 회전의자에서 일어났습니다.
> "어떻게 오셨습니까?"
> "저어…. 여기가 꿈을 찍는 사진관입니까?"
> "예, 그렇습니다."
> "어떻게 찍지요?"
> 하고 나는 꿈을 찍는 방법을 물었습니다. 그랬더니 그는 내게
> 조그맣고 얄팍한 책 한 권을 주며, 저쪽 7호실에 가 앉아 소리 내지
> 말고 읽어 보라고 하였습니다.
>
> 6-1 국어 읽기, 〈1. 상상의 세계〉

1. 앞의 글 중에서 다음 낱말과 뜻이 반대인 낱말에 동그라미 하세요.

① 조그맣다 ⇨ 커다랗다 가느다랗다 대단하다
② 얄팍하다 ⇨ 뚱뚱하다 두껍다 거칠다

2. 앞의 글 중에서 다음 낱말과 뜻이 비슷한 낱말에 동그라미 하세요.

① 두드리다 ⇨ 쓰다듬다 밀다 때리다
② 점잖다 ⇨ 듬직하다 소란스럽다 경솔하다

사전을 이용한 어휘 익히기

다음 글을 읽고 물음에 답하여 봅시다.

> 계곡의 지형도를 제작하는 데만 꼬박 한 달이 걸렸습니다. 일일이 세어 본 해골의 수는 백 십여 개였지만, 땅속에 더 많이 묻혀있으리라는 생각이 들었습니다. 몇몇 두개골에는 기이한 돌덩이가 모자처럼 얹혀 있어 제례 의식의 대상이었음을 암시하고 있었습니다. 전부 다 삼사천 년 전 것이었습니다. 다만 이 종족이 전멸하게 된 이유만이 여전히 풀어야 할 신비로 남아있었지요. 계곡은 북동쪽에서 안으로 휘어지며 원형 극장 형태로 고원까지 이어졌습니다. 나는 거대한 돌계단을 하나하나 걸어 올라갔습니다. 얼마 전부터 나는 이끼와 나무뿌리에 설탕을 조금씩 뿌려서 먹었고, 바위 구덩이에 고인 물로 연명해 왔습니다. 몹시 탈진했기에 모든 시간 감각이 사라졌고 거의 실신 상태가 되어 고원에 이르렀습니다. 얼핏 하늘을 떠받치고 있는 거대한 기둥들이 눈에 들어왔습니다. 기력이 다하자, 나는 그만 깊은 잠에 빠지고 말았습니다.
>
> 〈마지막 거인 중에서〉

1. 앞의 글에서 모르는 낱말에 밑줄 그어 보세요.

2. 밑줄 그은 낱말이 어떤 뜻일지 짐작해 보세요.
① _____
② _____
③ _____
④ _____
⑤ _____

3. 사전에서 낱말의 뜻을 찾아보세요.
① _____
② _____
③ _____
④ _____
⑤ _____

더 깊이
이해하게 하는 힘,
SQ3R전략

이번에는 효과적으로 책을 읽는 방법인 SQ3R 전략에 관해 이야기해 보겠다.

학습코칭 현장에서 읽기 능력을 향상시키는 방법으로 많이 사용되고 있는 이 방법은 미국 오하이오 주립대학의 심리학자 로빈슨이 미국 국방부의 요청으로 훈련병을 교육하기 위해 고안해 낸 방법이다. 이후에 SQ3R 방법이 책을 효과적으로 읽는 것에 도움이 된다는 많은 연구결과가 있었고, 국내의 많은 연구에서도 학습에 어려움을 느끼는 학생들을 대상으로 적용해 본 결과 학습 성취도나 읽기에 대한 흥미를 높이는 데, 도움을 줄 수 있다는 연구 결과를 얻었다.

필자 역시 학습코칭을 진행할 때 피코치에게 교과서의 내용을 효율적으로 이해시키고, 중요한 내용을 정리해서 오랫동안 기억하도록 돕는 방법으로 SQ3R을 활용하였는데, 만족스러운 결과를 얻을 수 있었다.

SQ3R은 Survey-Question-Read-Recite-Review의 줄임말이다. 우리나라 말로 바꾸자면 '훑어보기-질문하기-읽기-암기(되새기기) 복습'의 단계로 읽는 것을 말한다. 이 방법은 독서에서는 물론, 읽기 학습 코칭에도 효과적으로 적용할 수 있다.

① Survey (훑어보기)

전체적으로 훑어보는 과정이다. 책에 나와 있는 그림과 삽화, 표 등을 읽으면서 이미 가지고 있는 지식을 끌어내 지금 읽고 있는 책이 어떤 내용을 다룰 것인지 내용을 예상해 보는 과정이다. 마치 미리 지하철 안내도를 읽어보고 지하철을 타듯이, 전체 내용을 훑어보면서 텍스트의 내용이 과거 내가 알고 있는 것들과 어떻게 연결되는지 살펴보는 것이다. 이 과정은 짧게 1분 정도의 시간을 할애하는 것이 좋다.

② Question (질문하기)

스스로에게 질문을 던져보는 과정이다. 어떤 내용이 다뤄질 것인지, 결말은 어떻게 될 것인지 궁금증을 가져보는 단계인데, 제목과 소제목을 질문형태로 바꿔보면 좋다. 초등 6-2 사회 과목 첫 단원인 「우리 생활과 민주주의」를 예로 들어보자. 이 단원의 소제목은 '생활 속의 정치', '민주주의 의의', '우리나라 민주화 과정', '정치 참여의 중요성과 참여방법', '일상생활 속의 민주주의'이다. 이 각 소단원을 질문

형태로 만들어 보게 한다. '생활 속의 정치란 무엇일까?', '민주주의는 무슨 뜻일까?', '우리나라의 민주화 과정은 어떻게 진행되었을까?', '정치참여는 왜 중요할까? 어떻게 참여할까?', '생활 속에서 민주주의는 어떻게 실천해 나갈까?'와 같은 식이다.

이 과정에서는 소단원을 질문형태로 만들어 보는 것 외에도 개인적으로 궁금한 내용을 질문으로 만들어 보아야 한다. 우리의 뇌는 궁금한 것에 더 집중하여 반응하게 되어 있다. 궁금증을 가지고 본 내용을 읽어 내려간다면, 훨씬 더 효과적으로 핵심내용을 이해할 것이고 학습현장에서 좀 더 주도적인 학습자가 될 것이다.

③ Read(읽기)

이 과정은 본격적으로 내용을 읽어내는 단계이다. 읽기를 진행할 때에는 천천히 읽도록 지도해야 한다. 앞장에서 다룬 끊어 읽기를 진행하면 효과적이다. 연필을 들고 의미단위로 끊어 읽으면서, 위에서 질문했던 내용이 나오면 밑줄을 친다. 읽는 과정에서 모르는 단어가 나온다면 적극적으로 단어의 뜻을 찾아가면서 내용을 읽는다.

④ Recite(되새기기)

이 과정은 읽기 과정이 끝난 후 책을 덮고 기억을 더듬어서 내용을 요약하는 단계이다. 묘사나 인용은 빼고 나만의 단어로 적는다. 일반적인 것에서 구체적인 것으로, 간단한 것에서 복잡한 것으로, 시대나 시간순으로 적는 것이 효과적이다. 잘 기억나지 않는다면, 다시 위 단계로 되돌아가서 천천히 읽어보고 정리해 본다. 되새기기 과정을 통해 내용을 정리하면, 중심 내용을 파악할 수 있고 본인이 학습한 내용을 필기함으로써 오랫동안 기억을 유지할 수 있게 되는 장점이 있다.

⑤ Review(복습)

기존의 지식들과 새로운 아이디어를 통합하여 요약해 보는 과정이다. 되새기기를 통해 중심 내용을 찾고, 전체 내용을 이해했다면 이번 과정에서는 본인이 출제자가 되어 문제를 내본다든가, 암기카드를 만들어서 반복 학습을 할 수 있도록 준비해 본다.

읽기 전 활동에 해당하는 훑어보기, 질문하기는 읽기에 대한 흥미와 효능감을 높이는 데 효과적이다. 읽는 중에는 읽기와 되새기기 활동을 통해 중심 내용을 파악하도록 돕고, 읽은 후 활동으로 복습하며 지식을 재구조화하고 효과적으로 기억할 수 있도록 도우므로 적절히 활용하면 읽기 학습코칭에 많은 도움이 될 것이다.

SQ3R

단계	내용
Survey (훑어보기)	우선 전체 목차를 보고 책의 주제와 각 장과 절이 어떻게 구성되어 있는지 훑어본다.
Question (질문하기)	공부할 내용에 대해 질문을 스스로 해본다.
Read (읽기)	질문에 대한 답을 읽으면서 찾아본다. 이때 강조표시법을 활용하는 것이 좋다. (강조표시 : 핵심내용에 펜으로 표시하는 것)
Recite (암송하기)	학습한 내용을 친구에게 설명해보거나 써가면서 요약정리해 본다.
Review (복습하기)	읽은 내용에 대해 총정리하면서 복습한다.

SQ3R을 활용하여 교과서를 읽어 보자.

단계	내용
Survey (훑어보기)	
Question (질문하기)	
Read (읽기)	
Recite (암송하기)	
Review (복습하기)	

우등생의 비밀, 메타인지

"세상에는 두 가지 종류의 지식이 있다. 첫 번째는 내가 알고 있다는 느낌은 있는데 설명할 수는 없는 지식이고 두 번째는 내가 알고 있다는 느낌뿐만 아니라 남들에게 설명할 수도 있는 지식이다. 두 번째 지식만 진짜 지식이며 내가 쓸 수 있는 지식이다."

이는 한 인지심리학자의 말이다. 이때, 설명할 수 있는 온전한 나의 지식을 '메타인지'라고 한다.

메타인지는 내가 아는 것과 모르는 것을 구분하는 능력이다. 대부분의 상위권 아이들은 '아는 것으로 착각하는 것'과 '실제로 아는 것'을 구분할 수 있다. 얼마 전 EBS 교육방송에서 '상위 0.1%의 비밀'이라는 다큐멘터리 프로그램을 방영했다. 이 방송에서는 상위 0.1% 학생들의 공부 방법을 다각도에서 관찰하여 보여 주었는데, 그중에서 내 관심을 끈 실험이 있었다. 서로 연관성이 없는 25개의 단어를 3초 단위로 보여주며 외우게 한 후 학생들에게 몇 개를 외울 수 있을 것 같으냐고 물어봤다. 이때, 상위 0.1%의 아이들은 대부분 자신이 몇 개를 맞출 수 있는지 정확하게 알고 있었지만, 보통 아이들은 아무도 자신이 몇 개를 맞출 수 있는지 알지 못했다. 이렇듯 상위권의 아이들은 자신이 무엇이 부족한지, 알고 있는 것이 무엇이고 그렇지 않은 것이 무엇인지 잘 알고 있는 특징이 있다.

상위인지를 뜻하는 메타인지는 훈련으로 향상시킬 수 있다. 특히 문자를 통해 지식을 얻는 학습 현장에서 읽기 학습능력은 학업성취에 많은 영향을 미치기 마련인데, 읽기 학습코칭에서 메타인지를 활용하여 읽기 능력 향상을 위한 훈련을 하면 학업성취에 매우 효과적이라고 할 수 있다.

메타인지를 활용하기 위해서는 학습 과정을 계획, 점검, 평가하는 과정을 반복해야 한다. 이 과정에서 가장 중요한 것이 '자기 질문하기'이다. 스스로 묻고 대답하는 과정을 통해 본인의 지식으로 만들어지기 때문이다. 최근의 교과 과정이 단순히 암기하는 지식이 아닌 교과를 통합하여 이해하는 능력을 요구하고 있기 때문에 텍스트를 읽고 스스로 가지고 있는 지식과 연결하는 능력이 필요하다. 메타인지를 활용한 읽기 학습코칭 과정은 '자기 질문하기'를 반복적으로 활용하면서 '요약하며 읽기', '정교화하기' 등을 병행하여 지식을 재구성하고 본인이 알고 있는 지식으로 만들어 가는 과정이다. 이 과정은 앞에서 제시한 끊어 읽기, 의미 구조도 만들기, SQ3R 전략과 중복되는 내용이 포함되어 있지만, 메타인지의 원리를 이해하고, 앞서 배운 내용과 함께 학습에 적용한다면 좀 더 효과적일 것이다.

예를 들어 초등 6-2 사회과 과목에 마지막 단원으로 「정보화, 세계화 그리고 우리」라는 단원이 나온다. 이 단원에는 '과학 기술의 발달과 우리 생활'이라는 소제목이 나오는데, 이 단원을 수업 자료로 사용하는 과정을 다음과 같이 살펴보자.

먼저 '자기 질문전략'을 통해 피코치에게 '스스로 어떤 질문을 하면 이 단원을 잘 이해할 수 있을지' 질문한다. 잘 대답하지 못할 수도 있으니 코치가 시범을 보여 주는 것도 좋다.

"선생님은 이 단원 제목을 들으니, 과학기술이 발달한 것이 우리 일상생활에 어떤 영향을 줬을지 궁금하다", "제목을 보았을 때 가장 먼저 떠오르는 게 뭐야?", "이 글에서는 어떤 정보를 제시할까?", "예전에 이것과 비슷한 내용을 들어 본 적이 있니?" 이러한 질문을 스스로 만들어 보도록 격려함으로써 본인이 가지고 있는 배경지식을 최대한 끌어내고, 새로 배울 단원에 대한 흥미를 불러일으키는 것이다.

두 번째로 '요약하며 읽기와 정교화하기'를 통해 텍스트를 천천히 반복해서 읽으며 중심 내용을 알아간다. 가능하다면 여러 번 읽도록 권하면서 중요한 내용에 밑줄 긋기를 한다. 그다음, 텍스트를 가리고 자기 말로 요약하여 정리하도록 한다. 요약하기는 익숙해지기까지 많은 연습이 필요하므로 우선은 짧은 단락으로 나누어서 읽는 연습을 한 후에 전체 문장을 읽고 요약하도록 격려해 준다. 요약할 때 자기 질문전략에서 질문했던 내용을 살펴보며 그 질문에 답을 찾는 기분으로 읽는다면 핵심내용을 요약하는데 효과적일 것이다.

미켈란젤로가 산티노 성당의 천장에 '천지창조'를 그릴 때의 일이다. 예상했던 것보다 작업시간이 길어지자 그의 친구가 찾아가 보니 커다란 지붕의 구석진 부분을 꼼꼼히 색칠하고 있었다고 한다. 그의 친구가 말하길

"누가 그 부분을 본다고 그렇게 꼼꼼하게 작업하는가? 어서 일을 끝내고 다른 일을 더 해보세."

이 말에 미켈란젤로는 이렇게 대답하였다.

"내가 보고 있지 않나? 이 부분이 부족한 걸, 다른 사람은 몰라도 나는 알고 있네."

이와 같은 사례를 들어 사람들은 내적 동기를 '미켈란젤로의 동기'라고도 한다. 스스로 궁금한 것들에 대한 답을 찾아가는 과정이 학습의 과정이다. 바꿔 말하면, 내적 동기가 높은 아이들이 공부를 잘한다. 공부는 즐겁고 편한 것이 아니다. 공부가 재미있고, 공부가 제일 쉽다고 이야기하는 사람은 아주 드물다. 공부에 왕도가 없듯이 즐겁고 쉽게 공부하는 간단한 비법도 이 세상에는 없을 것이다. 다만, 스스로 궁금한 것을 찾아가는 과정이 공부라는 것을 깨닫는 순간 공부를 재미있게 할 수 있는 방법을 알게 되는 것이다. 그동안 우리 아이들은 어른들이 쥐여주는 지식을 수동적으로 암기하는 공부를 하느라 알아가는 즐거움을 빼앗겨 버린 것은 아닐까 생각해 본다. 이제는 옛 방식에서 벗어나 능동적이고 자기주도적인 공부를 시작할 때다. 이를 위해, 메타인지를 활용하는 읽기 학습전략은 스스로 궁금한 것을 찾아가는 과정을 친절하게 안내하는 좋은 안내자가 될 것이다.

핵심을 찾고 조직화하기

2장

즐겁게 읽기 위한 읽기모형 바로 알기

　현대 사회를 평생학습 시대라고 말한다. 자발적이고 지속적인 학습을 통해 넘쳐나는 정보들을 본인의 지식으로 재 충전하는 능력이 필요하다. 또한 현대는 지식을 재충전하며 살아가는 시대라고도 한다. 정보의 홍수 속에서 나에게 필요한 것을 골라내고 자기주도적으로 학습하기 위하여 읽기 능력은 반드시 갖추어야 할 필수 요소이다.
　읽기 능력이란 결국은 문자 자체의 해독을 넘어서 읽는 이의 스키마를 토대로 글의 의미를 읽어내는 독해의 과정이며 독자와 작가의 상호작용이 일어나는 것을 의미한다.
　초보 독자는 텍스트 안에 들어있는 단어와 문장을 글자 그대로 받아들인다. 그러나 향상된 읽기 능력을 가진 고급 독자들은 다양한 독서 경험이 쌓여서 텍스트를 읽으며 자신의 배경지식을 활용하는 방법을 터득한 상태이다. 그들은 텍스트를 이해하기 위해 필요한 것들을 예측할 수 있고, 자신에게 적합한 정보를 선별할 수 있으며, 문맥 안에 숨어있는 작가의 의도까지도 유추할 수 있는 능력이 있다. 이 정도로 읽기 능력을 향상하기 위해서는 읽기에 대한 지속적인 훈련이 필요하다. 읽기 코치는 읽기과정에 대한 전문적인 지식과 효과적인 읽기 지도 방법을 익숙하게 다룰 수 있어야 한다.

읽기 지도는 크게 글(문자)에 대한 영역과 독자와 관련된 영역으로 나누어 볼 수 있다. 글과 관련된 부분은 단어, 단어의 의미, 문법, 글의 구조 등을 말하고 독자와 관련된 영역은 글의 주제나 글의 구성에 대한 독자의 배경지식, 경험, 추론하는 능력, 기억력 등이 해당한다.

글을 읽는 과정은 글쓴이와 독자가 텍스트를 통해서 만나고 소통하는 과정이다. 이런 읽기에는 적절한 모형과 틀이 존재하며 읽기과정 모형의 틀대로 읽기를 연습할 때 읽기 능력이 향상됨은 명백한 사실이다.

읽기 모형은 상향식과 하향식, 상호 작용식으로 구분한다.

위에서 언급한 문자에 초점을 맞추어 문자 해독 위주로 읽어나가는 방법을 상향식 읽기모형이라 하며, 독자의 배경지식이나 경험, 추론하는 능력 등에 초점을 맞추어 읽어 나가는 방법을 하향식 읽기 모형이라 한다. 그렇다면 상향식 읽기모형과 하향식 읽기모형은 코칭 현장에서 실제적으로 어떻게 적용할까?

먼저, 상향식 읽기 모형의 지도 방법을 예로 들어 보겠다.

상향식 모형은 기본적으로 어휘력이 부족하고 문장의 독해에도 어려움을 겪는 읽기 능력부진아들을 지도하기에 적합한 모형이다. 우선 읽을 텍스트가 정해졌다면 학생에게 큰 소리로 텍스트를 읽어보게 한다. 이는 읽는 속도나 발음의 정확성과 읽기의 유창성 정도를 알아보기 위함이다. 이때 두루뭉술하게 그냥 넘겨 읽거나 틀리게 읽는다면 천천히 정확하게 다시 읽어보도록 하는 것이 좋으며 텍스트를 다 읽고 난 후에는 의미를 모르는 단어나 문장을 찾아서 동그라미 치거나 밑줄을 긋도록 한다. 독해가 어려운 어휘나 문장의 의미에 대해 코치와 함께 찾아보며 정확한 의미를 이해하도록 하고 비슷한 의미로 사용되는 단어에 대해서도 추가로 찾아보면 좋다. 상향식 읽기모형으로 지도할 때 학생이 스스로 단어의 뜻이나 문장의 뜻풀이에 어려움을 겪는다면 코치가 적절하게 개입하여 설명을 해주는 것도 도움이 된다.

다음은 하향식 읽기모형에 대한 예를 들어보자.

하향식 읽기 모형은 독자의 사고력과 추론하는 능력에 비중을 두는 읽기 방법이다. 독자의 배경지식을 활용하여 문맥 속에서 글의 의미를 재구성하고 기존의 경험에 따른 배경지식과 독해하는 중간에 생겨난 새로운 배경 지식을 적절하게 융합해서 정보를 수정해 나가는 과정을 뜻한다. 텍스트를 읽기 전에 제목을 보고 글의 내용을 유추한 뒤, 한 문장씩 읽어 내려갈 때마다 뒤에 이어질 내용을 예측해보는 과정을 반복하면서 독자의 배경지식을 재조합한다. 텍스트를 다 읽고 난 후에는 글 안에 숨어있는 주제를 찾아내고 지은이의 생각과 숨은 의도를 유추해 볼 수 있다.

'명절'이라는 제목의 텍스트를 예로 들어보자. 하향식 읽기모형에서는 제목을 알려주지 않은 상태로 텍스트만 먼저 읽어주고 제목을 유추해 보도록 하거나, 텍스트를 읽기 전에 제목인 '명절'만을 제시해 준 후에 독자가 어떤 글이 씌어 있을지 글의 내용을 유추해 보도록 할 수 있다. 읽기 학습을 지도하는 코치나 교사는 '명절'과 관련 있는 적절한 질문을 활용하여 피코치가 자신의 경험과 배경지식을 끄집어내고 활성화할 수 있도록 유도한다. 텍스트를 읽어 나가는 과정 안에서 어려운 단어나 문장이 있다면 그것이 의미하는 것이 무엇인지 질문하고 최종적으로는 정확한 의미와 뜻에 대해 이야기해주면 좋다.

하향식 읽기모형을 적용할 수 있는 방법으로 ARC 방법이 있다. KWL 방법과도 비슷한 이 방법은 예측(Anticipation), 인식(Realization), 숙고(Contemplation)의 머리글자를 딴 것이다. 예측단계에서는 주제와 관련해서 피코치가 알고 있는 정보를 최대한 많이 적어보게 한다. 인식단계는 텍스트를 정확하게 읽고 예측한 부분에서 나온 생각들과 실제 내용과의 일치 여부를 파악하도록 한다. 마지막으로 숙고 단계에서는 정확하게 정보를 확인하고 인식단계에서 불일치했던 것들을 수정하고 새롭게 알게 된 정보를 추가해 넣는 방법이다. 읽기 부진이나 초보 독서가는 상향식 읽기모형으로 읽기를 연습한 후 점차 하향식 읽기모형으로 옮겨가는 것이 바람직하다.

마지막으로 상향식 읽기 모형과 하향식 읽기 모형을 적절하게 절충한 방법을 상호 작용식 읽기 모형이라고 한다. 텍스트를 읽기 전에 관련된 그림이나 제목을 활용하여 질문함으로써 글의 내용을 추측하도록 유도하고 추측한 내용을 발표해 보도록 지도한다. 글의 내용에 대한 추측이 끝났으면 본문을 실제로 읽어보고 앞에서의 추측과 실제 내용의 연관성이 있었는지, 어떤 차이가 있는지를 생각해보고, 글의 주제와 관련된 핵심어나 중심이 되는 문장을 찾아보도록 한다. 적극적인 읽기 과정에서 독자가 자신의 배경지식을 활용하려고 할 때 코치는 독자의 배경지식이 텍스트와 맞는지 그렇지 않은지를 적절한 질문과 대화를 통해 주의 깊게 관찰하고 부적절한 배경지식을 활용하려 한다면 개입을 할 필요도 있다.

ARC 차트

예측(Anticipation)	인식(Realization)	숙고(Contemplation)
이미 알고 있다고 생각되는 것	예측한 것과 일치 되는 것	새롭게 추가로 알게 된 것

중심 생각 찾기

 우리가 학습을 위해 글을 읽는다는 것은 주어진 텍스트 속에서 글쓴이의 중심 내용과 의도를 찾아내는 작업이라고 할 수 있다. 즉, 텍스트라는 것은 중심 내용이라는 뼈대에 그것을 이해하기 좋도록 살을 붙인 것이다.

 텍스트 속에서 글쓴이의 생각을 잘 읽어낼 수 있는 것이야말로 학습 상황에서 가장 중요한 부분이다. 글쓴이의 의도를 알지 못하면 텍스트의 진정한 의미를 파악하지 못한 것이며, 그러한 상황에서 학습의 효과는 일어나지 않는다. 글쓴이의 생각을 읽어내기 위해서는 작은 부분의 내용을 이해하는 것도 중요하지만 실제적으로 전체 내용에서 중심 생각을 읽어낼 수 있어야 한다. 중심 생각을 이해하지 못하면 전체적인 내용을 이해하지 못하기에, 글의 일부를 글쓴이의 전체 의도라고 오해하는 일이 생기기도 한다.

예를 들어 소치 동계올림픽에서 있었던 이상화 선수의 스피드 스케이팅에 대해 자세히 설명한 글이 있다고 해보자. 그 글은 우리에게 스피드 스케이팅의 경기 규칙이나 방법에 대해 이야기하려는 것이 아니다. 전체 글을 다 읽고 나서 그 이야기가 이상화 선수의 스피드 스케이팅으로 우리나라가 동계올림픽 종목으로 첫 메달을 따게 됐고, 그것이 우리나라의 위상을 높이는 데 이바지했다는 내용이라는 것을 알아내지 못한다면, 글자만 읽었을 뿐 전혀 다른 의미로 이해하고 있는 것과 마찬가지이다.

이런 문제점들이 학습코칭 현장에서 종종 발견되고 있다. 피코치에게 글을 읽고 중심 내용을 찾으라고 하면 세부적인 부분에만 관심을 두어 전체 글의 중심 내용을 제대로 찾아내지 못하는 아이들이 예상외로 많다. 그나마 주어진 짧은 글을 읽고 중심 생각을 찾는 것은 어느 정도 가능하지만 조금만 글이 길어지면 중심 생각을 찾아내는 데에 많은 어려움을 겪는다. 중심 생각이 겉으로 드러나지 않고 가려져 있다면 더욱 어려움을 느끼게 된다. 학습능력이 떨어지는 아이들은 교과서를 읽고 나서 그것이 무엇을 의미하는지 잘 이해하지 못한다. 심지어 시험을 볼 때 문제가 의도하는 것이 무엇인지 파악하지 못해서 문제풀이에 어려움을 느끼기도 한다.

초등학교에서부터 국어 시간에 중심 생각 찾기에 대해 배우고 있지만, 중심 생각을 찾는 방법을 체계적으로 배우기보다는 학생들에게 찾아보도록 지시하고 결과를 체크하는 형태로 진행되고 있다. 만일,

학생들이 텍스트를 읽고 중심 생각을 찾아내는 방법을 제대로 배운다면, 향후 어떠한 학습 상황에서도 새로운 지식을 배우고 익히는데 어려움이 없을 것으로 기대된다.

중·고등학교 학생이지만 읽기 능력이 떨어지는 학생인 경우에 초등학교학생 수준의 읽기 능력을 가지고 있기도 하다. 따라서 이 단원에서 다루고자 하는 중심 생각 찾기 방법은 학년별로 지도 할 것이 아니라, 아이의 읽기 학습능력과 텍스트를 이해하는 수준에 맞추어서 지도하는 것이 바람직하다.

그런다면, 중심 생각이란 무엇일까? 중심 생각에 대해 정확하게 이해하기 위해 중심 생각과 유사하게 사용되는 다른 용어들을 정리해 보기로 하자.

컨닝험과 무어는 중심 생각과 관련된 유사 개념들을 9가지들과 이에 대한 조작적 정의를 진술하였다. 보통 일반적으로 혼용되기 쉬운 단어들인데, 정확하게 개념을 제시하고 있으니 알아두면 도움이 될 것으로 생각된다.

1) 요점(Gist) : 구체적인 정보를 포괄하고 장황한 정보를 삭제하여 일반화된 진술을 만들어 글의 분명한 내용에 요약하기를 만드는 것.

2) 해석(Interpretation) : 글에 가능한 내재적 내용에 대한 요약하기.

3) 핵심어(Key word) : 글에서 가장 중요한 단일 개념을 나타내는 단어 또는 용어.

4) 선택적 요약/선택적 도표(Selectivesummary/Selective diagram) : 글에서 가장 상위 개념, 중요한 단어와 구를 선택하고 결합하여 글의 분명한

내용의 요약하기를 만드는 것.

  5) 주제(Theme) : 글 전체가 함축하고 설명하는 삶과 세계에 관한 일반화.

  6) 제목(Title) : 글에 주어진 이름.

  7) 화제(Topic) : 글의 구체적인 내용은 나타나지 않고, 구 수준으로 나타낸 명칭.

  8) 화제의 쟁점(Topic issue) : 글에 대한 개념적 맥락을 나타내는 단 하나의 단어, 용어, 구.

  9) 주제문(Topic sentence/thesis sentence) : 단락이나 글에서 그 글이 전체적으로 진술하거나 무엇에 대한 것인지를 가장 완전하게 말해주는 단 하나의 문장.

  중심 생각은 전체 내용을 하나의 문장으로 간결하게 정리하여 표현하는 것을 말한다. 이는 구체적이고 전체를 포괄하는 문장을 말하는데, 위의 핵심어, 주제, 제목, 화제, 화제의 쟁점과는 다른 의미이다. 화제나 제목을 중심 생각이라고 지도하는 경우도 있으나, 화제는 구체적인 내용을 나타내지 않는 수준의 글이라는 점에서 중심 생각과 구분할 필요가 있다.

  중심 생각은 대부분 문단 내에 한두 문장으로 진술되며 보통 네 가지 경우로 나타나는데 텍스트를 읽을 때 관심 있게 읽으면 도움이 된다.

  첫 번째는 문단이 시작되는 첫 문장에 중심 생각이 있는 경우가 있다. 대개 글쓴이는 문단의 첫 문장에서 핵심적인 이야기를 시작하고 그와 관련된 이야기를 부연 설명하는 방식으로 글을 전개한다.

두 번째로 문단의 끝, 마지막에 있는 경우다. 이 유형은 글쓴이가 먼저 주제에 대하여 상세히 설명한 다음에 끝에 독자가 정말로 이해해야 하는 것을 이야기하는 식으로 쓴다.

세 번째는 문단의 중간에 있는 경우인데, 글쓴이는 먼저 상세한 정보를 제시하고, 다음으로 독자에게 알려주고 싶은 중심 생각을 진술한 다음 다시 세부적인 내용을 추가한다.

마지막으로 직접 진술되어 있지는 않지만 글 속에 함의되어 있는 경우이다. 이 경우에 중심 생각을 찾는 일이 조금 어렵게 느껴질 수 있다. 단서를 이용하여 글쓴이가 '정말 알았으면' 하는 중심 생각이 무엇인지를 찾아내어 자신의 말로 풀어쓸 수 있어야 하기 때문이다.

학습 상황에서 중심 생각을 파악하는 것은 매우 중요하다. 특별한 목적을 갖지 않고 책을 읽더라도 전체 내용을 파악하기 위해서는 중심 생각을 알아야 한다. 하물며 학습을 목적으로 하는 읽기 상황에서 중심 내용을 파악하고, 중요한 것과 중요하지 않은 것을 구분하는 인지능력은 더욱 중요하다. 교과서를 쓴 저자가 어떤 의도로 내용을 적었는지 아는 것이 학습 목표를 파악하는 것이고, 질문의 의도를 정확하게 이해하고 적절한 답변을 하는 것이 시험이다. 학년과 나이의 구분 없이 읽기 능력에 어려움을 느낀다면, 천천히 읽고 중심 내용을 파악하는 연습부터 시작하자.

학문은 길을 가는 것과 같다. 목적지가 아무리 멀어도 쉬지 않고 가다 보면 언젠가는 그 길의 끝에 도착하지만, 멈추고 가지 않는다면 가까운 곳도 도달하기 어려울 것이다. 공부전문가들이 공부 잘하는 비결에 대해 많은 이야기를 하지만, 나는 '성실'과 '끈기'만큼 좋은 방법은 없다고 단언한다. 천천히 가지만 멈추지 않고 꾸준히 가는 것이 가장 좋은 공부 방법이다. 읽기 학습능력이 부족하다고 느낀다면, 지금이라도 늦지 않았으니 천천히 연습하면 될 일이다. 꾸준히 노력한다면 다른 학생들보다 조금 느릴 수는 있겠지만, 배움의 참맛을 아는 기쁨을 누리게 될 것이다.

중심 문장, 중심 내용, 주제(중심 생각) 찾기

> 채송화는 많은 사람이 사랑하는 꽃입니다. 왜냐하면, 붉은색, 흰색, 자주색, 노란색 등 예쁘고 다양한 색깔로 사람들의 마음을 사로잡기 때문입니다. 또, 채송화는 어느 곳에서도 잘 자라고 생명력이 강해서 누구나 쉽게 기를 수 있기 때문입니다.

중심 문장	채송화는 많은 사람이 사랑하는 꽃입니다.
중심 내용	채송화는 색깔이 다양하고 기르기가 쉬워서 많은 사람이 사랑하는 꽃이다.
주제 (중심 생각)	채송화는 장점이 많아서 사람들이 사랑하는 꽃이다.

다음 글을 읽고 중심 문장, 중심 내용, 주제(중심 생각)를 찾아보자.

씨앗을 퍼뜨리는 방법은 식물마다 다릅니다. 민들레는 가벼운 솜털 모양의 씨앗을 만들어 씨앗이 바람을 타고 멀리 날아갈 수 있도록 합니다. 봉선화의 열매는 익으면 저절로 터져서 씨앗이 흩어집니다. 도깨비바늘은 동물의 털이나 사람의 옷에 달라붙어 멀리 옮겨 갈 수 있습니다. 참외는 동물들이 먹고 다른 곳으로 가서 똥을 누면 멀리 퍼지게 됩니다.

(초등 〈읽기〉 3-1 30쪽)

중심 문장	
중심 내용	
주제 (중심 생각)	

중심 문장 찾기 활동지

① 중심 문장이 문단의 처음에 있는 경우

횡단보도를 건널 때에는 주의를 해야 한다. 신호등이 설치되어 있는 횡단보도에서는 녹색등 신호인가를 확인한 다음, 자동차가 완전히 멈추었을 때에 주위를 살피면서 건너도록 한다. 만약 신호등이 없는 경우에는 좌우를 살핀 다음에 자동차가 다니지 않을 때에 건너야 한다.

② 중심 문장이 문단의 끝에 있는 경우

> 혼자 뛰면 '외그네', 둘이 마주 보며 뛰면 '배그네' 또는 '맞그네'라고 한다. 옆으로 나란히 서서 한 손으로 짝의 허리를 끼고 또 한 손으로 그넷줄을 쥐고 뛰면 '짝그네'라고 한다. 그네를 뛰는 방법에는 여러 가지가 있다.

③ 중심 문장이 처음과 끝에 있는 경우

> 말을 부드럽게 해야 합니다. 말은 생각을 전달해 줍니다. 그리고 말은 기쁨, 슬픔, 노여움 같은 감정도 전달해 줍니다. 부드럽게 말을 하면, 듣는 사람도 즐거움을 느끼게 됩니다. 그러나 퉁명스럽게 말을 하면, 듣는 사람의 마음이 언짢아질 것입니다. 그러므로 우리는 말을 부드럽게 해야 하겠습니다.

④ 중심 문장이 나타나 있지 않은 경우

> 산, 강, 바다 등은 자연을 이루는 것들이다. 사람들은 들에서 농사를 지어 생활에 필요한 곡식을 얻어낸다. 또 사람들은 강물을 이용하여 필요한 전기를 일으키기도 한다. 그리고 바다에서는 생선, 조개, 굴, 미역 등의 필요한 해산물을 얻어낸다.

⇒ 사람들은 자연에서 생활하는 데 필요한 많은 것들을 얻는다.

글의 내용을
제대로 이해하는
요약하기

 글을 읽을 때 중심 내용을 간추려 살피지 않으면 글의 내용을 제대로 이해할 수 없다. 한꺼번에 너무 많은 양의 정보가 들어오기 때문이다. 자칫하면 읽은 내용을 기억에 다 담지 못해 압도당하는 경우가 생긴다. 그러므로 요약하기는 글의 내용과 글쓴이의 생각을 더 바르고 쉽게 이해하기 위한 것이다. 또한 글의 내용을 간추려 요약하면 글의 흐름과 내용을 더 정확하게 이해할 수 있다. 읽은 내용을 오래 기억할 수도 있고, 글 내용을 자기 것으로 만들어 생각을 키우는 데도 도움이 된다.
 요약하기란 글에 들어가 있는 중요한 생각을 간략하게 간추리는 활동이다. 글의 내용을 핵심적인 내용과 그렇지 않은 내용으로 구분하는 것을 말하며 주로 그 핵심적인 내용을 중심으로 간략하게 글로 옮기는 것을 말한다. 요약하기에서 글을 이해하는 것은 필수 과정이다. 하나의 정보에서 중요한 것과 그렇지 않은 것을 구분하는 일이야말로 글의 전체적인 내용을 이해하는 데 필요한 능력이기 때문이다. 요약하기에는 기초적인 읽기 능력이 필요하며 이것들을 조직적으로 표현하는 쓰기 능력을 요구하게 된다. 그러므로 요약하는 활동은 학습활동에서 가장 중요한 부분이라고 해도 과언이 아니다.

요약하는 과정을 통해 글의 요점을 정확하게 파악할 수 있는 능력이 생길 뿐 아니라, 전체의 글에서 중요한 것과 그렇지 않은 것을 구분하는 능력을 키울 수 있고 비판적 읽기 능력을 향상시킬 수 있으며 본인의 이해도를 스스로 점검할 수 있는 장점이 있다. 나아가 요약하기는 다른 사람의 글을 정확히 이해하여 그 결과를 완결된 한 편의 글로 표현하는 것이다.

요약을 하는 구체적인 방법을 알아보기 전에 요약하기를 위한 몇 가지 규칙에 대해 먼저 알아보자. 첫 번째는 삭제이다. 덜 중요한 것, 반복되는 내용은 삭제한다. 글을 읽고 중요하지 않은 내용을 제거하는 것을 말한다. 사소하거나 불 필요한 내용, 중요한 내용이더라도 반복되는 내용은 삭제한다. 두 번째는 상위개념으로 바꾸는 것이다. 하위 개념들이나 하위 요소들은 포괄적인 상위 개념으로 바꿔준다. 연속되는 명제들은 그것들을 보다 상위의 개념으로 한정하는 명제로 대치한다. 세 번째는 주제문의 선택이다. 글 속에 제시된 주제문을 선택한다. 제시된 글 속에 주제문에 해당하는 내용이 나타나 있을 때는 이를 선택한다. 글 전체의 주제문은 물론이며 주요 단락의 주제문도 빠뜨리지 말아야 한다. 네 번째로 주제문이 없을 때는 스스로 만든다. 주제문이 명시적으로 나타나 있지 않을 때는 스스로 만들 수 있어야 한다. 주제문을 창출하는 능력은 주어진 글을 재구조화하는 능력과 관련이 깊다.

요약하기 위해서는 먼저 전체 내용의 구성을 살펴보면서 문단을 나눈다. 각 문단에서 중심 내용과 그 내용을 설명하는 내용을 구분해 보면서 저자가 중요하게 이야기하고자 하는 부분이 무엇인지 중심 문장을 파악해 본다. 중요하지 않은 내용은 삭제하고 각 문단별로 소주제문을 정리해 본다. 소주제문을 파악한 후 소주제별 상호관계를 생각하면서 새로운 개요를 작성하여보고, 짧막하게 글을 써내려 간다. 이때 주의해야 할 것은 본인의 생각을 넣지 않도록 하는 것이다. 저자의 의도와 주제가 잘 드러나도록 써야 하며 요약하는 사람의 주관적인 생각이 개입되지 않도록 주의해야 한다.

코칭 현장에서의 적용

앞에서 제시한 요약하기의 원칙적인 방법들은 현장에서 학생들에게 그대로 적용하기에는 무리가 따를 수 있다. 읽기 능력이 부족한 아이들이 70% 이상 된다는 점을 감안하면 좀 더 융통성 있는 현장 적용이 필요할 것이다. 책을 보면서 요약하는 방법도 있지만, 책을 덮고 요약하는 방법을 진행하면 난이도가 더 올라가면서 집중력이 확실히 높아지는 것을 볼 수 있다.

내가 읽기 코칭 현장에서 적용하는 방법은 다음과 같다.

먼저 읽을 분량을 정한다. 읽을 분량이 너무 많으면 양에 압도되어 시작부터 읽기에 거부감을 가지고 임할 수 있으므로 부담되지 않을 분량으로 시작하는 것이 좋다.

다음은 읽는 횟수를 고려한다. 한 번 읽고 요약을 할 수 학생을 코칭할 일은 거의 없을 것이다. 따라서 3~4번 정도는 읽고 나서 요약하기를 해야 하는데, 그 과정에서 적절한 동기부여가 필요하다. 앞부분에서 나온 칭찬, 격려, 인정 등 코칭 스킬을 적용하여 동기가 떨어지지 않도록 해야 한다. 읽은 시간을 재서 기록하게 하는 것도 방법이 될 수 있다. 천천히 읽고 읽는 시간을 늘린다면 동기부여에 도움이 된다.

다음으로는 요약한 부분의 내용을 점검한다. 일단 읽은 내용을 기억해서 적은 것만으로도 학생은 칭찬을 받아야 한다. 코치가 보기에 내용이 많이 부족할 수도 있다. 하지만 처음부터 만족할 만한 효과를 기대하는 것은 욕심이다. 요약한 내용을 책과 비교하면서 부족한 부분을 채워 나갈 수 있도록 유도해주면 한 번 더 책을 반복한 효과가 있다. 여러 번 훈련하다 보면 이해와 기억이 증진되므로 피코치도 이 방법에 동의하게 된다.

요약하기 연습

	내용
처음	
중간	
끝	

신문기사로 활용하는 요약 훈련

앞에서 우리는 신문 읽기를 통해 배경지식을 활성화하는 방법을 살펴보았다. 신문은 다양한 학습의 도구로 사용되는데, 특히 내용을 요약하는 훈련에 매우 효과적이다.

요즘은 종이 신문을 구독하는 가정이 많지 않다. 종이신문 이외에도 다양한 정보를 찾을 수 있는 곳이 많기 때문이다. 스마트폰이나 컴퓨터를 통해서 그날의 뉴스를 손쉽게 접할 수 있고, 새로운 정보나 지난 뉴스도 간편하게 검색하여 찾아낼 수 있다. 그러나 모든 뉴스가 다 도움이 되는 것은 아니다. 간편하게 찾을 수 있는 그 기사들이 모두 잘 짜인 구조와 좋은 문장을 갖춘 양질의 읽을거리라고는 하기 어렵기 때문이다. 반면에, 종이 신문은 하루 동안에 일어나는 수많은 사건

중 가장 중요하고 의미 있는 사건을 모아서 체계적으로 정리된 정보를 담아내기 때문에 양질의 읽을거리를 선별하는데 좋은 도구가 된다.

신문의 논리적인 글 구조는 아이들에게 비판적인 사고 능력을 키우는 데 많은 도움을 준다. 신문사의 성격과 가치에 따라 같은 주제의 사건을 다르게 기사화한 것을 볼 수가 있다. 논리적인 글이란 옳고 그름을 떠나서 주장하는 내용의 근거를 제시하여 상대방에게 논리적으로 자기 생각을 펼치는 것을 말한다. 신문 기자가 어떠한 관점 위에서 기사를 쓰는가에 따라 기사의 내용은 전혀 다르게 흘러간다. 따라서 기사를 읽는 독자의 입장에서 글쓴이의 의도와 관점을 파악해 보고 자신의 견해를 밝히는 활동은 비판적 사고 능력을 키울 수 있는 좋은 읽기 학습이 된다. 특히, 공부하기에 바쁜 고등학생들에게 신문은 더없이 좋은 교재이다. 국어 능력 신장은 물론이고 덤으로 다양한 시사 상식을 읽으며 대입을 위한 논·구술시험 및 면접까지도 대비할 수 있기 때문이다.

2013년 일본 문무과학성은 전국 학력학습 상황 조사를 통해 신문을 읽는 습관과 학력 사이에 어떠한 상관관계가 있다는 것을 밝혀냈다. 특히 주목할 점은, 신문을 '매일 읽는 학생'과 '읽지 않는 학생'의 학력테스트 결과 정답률이 무려 10% 이상 차이가 났다는 것이다. 신문 읽기가 학력과 깊은 관련이 있다는 것이 명확히 드러난 사례다.

신문 기사는 다른 장르의 글보다 구조적으로 잘 갖추어진 글이다. 필자는 최소 일주일에 한 번은 신문을 활용해 코칭을 진행한다. 자연스럽게 글의 구조를 체득할 기회가 됐으면 하는 바람에서다. 마음에 드는 신문 기사를 하나 정해서 문단별로 간략하게 요약하고 요약문을 써보는 활동인데, 학년에 따라 코칭의 방법을 달리한다. 초등학생이라면 신문 기사의 내용을 사실과 의견으로 나누어 보고 모르는 단어나 어구를 이해하는 수준의 읽기를 하도록 지도하고, 중학생이라면 내용을 사실적으로 이해하는 수준에서 벗어나 글을 요약하는 활동까지 해보도록 권유한다.

신문기사를 활용하여 요약하기를 코칭에 적용하는 방법은 다음과 같다.

1단계 : 사실과 의견으로 분리해 보기

신문 기사는 사실만 전달한다고 생각할 수도 있지만, 실제로는 글쓴이의 견해나 의견이 들어간 부분이 많다. 신문 기사 속에서 사실과 의견을 분리하는 활동은 독해의 기본이 된다.

2단계 : 문단별 요약하기

글의 내용을 요약하기란 생각보다 쉽지가 않다. 글 속에서 중요한 부분과 그렇지 않은 부분을 찾아내야 하고, 그것을 다시 재진술해야 하기 때문이다. 따라서 처음부터 글 전체를 요약하기보다는 문단별로 나누어 요약하는 것부터 시작하는 것이 좋다.

3단계 : 글 전체 내용 요약하기

기사문 전체를 단문으로 요약해보는 활동이다. 문단별로 요약된 내용을 토대로 다시 한 번 글을 쓰는 것인데, 단순히 문장을 연결하기보다는 짜임새 있게 유기적으로 연결하는 연습을 하는 것이다.

4단계 : 내 생각 써보기

기사문과 관련한 본인의 생각을 써보는 활동은 가장 마지막 단계에서 이루어진다. 생각을 간략하게 적어보는 것으로 다양한 아이디어를 끌어낼 수 있다. 너무 긴 글을 요구할 경우 피코치는 부담으로 받아들일 수 있으므로, 글의 분량보다는 본인의 생각을 자유롭게 정리할 수 있도록 격려한다.

신문 일기 쓰기

날짜	년 월 일	어느 신문인가요?	
(관심기사를 스크랩해보세요)			
사실은 무엇인가?			
의견은 무엇인가?			
모르는 단어 찾기			
요약하기			
내 생각은?			

3장

교과서 읽는 법,
제대로 따라 하기

공부의 시작과 끝, 교과서 읽기

부모, 학생 할 것 없이 학습능력을 높이기 위해 다양한 참고서와 문제집을 마련한다. 상위권 아이들이 가지고 있는 문제집이나 참고서의 정보를 알려고 하거나, 그 문제집을 따라 사면 자신의 실력도 좋아질 수 있다는 환상을 갖고 있기도 하다. 그러나 학습능력을 높여줄 수 있는 가장 좋은 교재는 단언컨대 교과서다. 교과서는 그 학년과 과목에서 다루고 배워야 할 내용을 나라의 훌륭한 연구진들이 심사숙고해서 담아놓은 가장 정확하고 조직적인 책이다. 교과서보다 우수한 참고서나 문제집은 없다. 교과서를 정독하지 않고서 참고서만 찾아보거나 문제집만 많이 푸는 것은 쉽게 무너져버릴 골조 없는 집을 짓는 것과 같다. 교과서 읽기에 대한 전략은 뒤에서 구체적으로 다루어 보도록 하겠다.

　해마다 대학입시가 끝나면 수많은 신문 기사와 방송에서 수능 만점자들의 성공사례 인터뷰가 보도된다. 그리고 그들은 한결같이 말한다. "교과서를 중심으로 공부했고, 학교 수업시간에 충실했으며, 예습 복습을 열심히 했어요."라고 말이다. 공부의 비법을 묻는 사람이 민망할 정도로 그들의 대답은 10년 전이나 30년 전 학력고사 시절이나 변함이 없다. 뭔가 특별한 비법이라도 얻기 위한 인터뷰를 기대했다가는 크게 실망할 것이다. 아마도 이 책을 읽고 있는 독자 중에서도 고작 교과서와 수업에 충실한 것으로 고득점을 얻었다는 진실 된 인터뷰를 인정하고 싶지 않은 분도 있을 것이다.

　왜 '교과서로 공부했다.'라는 말을 순수하게 인정하고 믿지 못하는 것일까? 교과서의 가치를 제대로 느끼지 못하기 때문이다. 누구나 쉽게 가질 수 있는 교과서를 중요하게 생각하지 못하는 것이다. 교과서의 중요성은 수없이 들어 왔지만 읽는 방법을 익히거나 이를 제대로 활용해 보지 못했기 때문이기도 하다.

　학습 방법 코칭을 위해 학생의 집에 방문하면 나는 꼭 학생에게 '교과서를 가져와 보라'고 한다. 학생의 공부방에는 십중팔구 교과서가 없다. 설령 교과서가 있다 하더라도 새 책처럼 너무나도 깨끗하게 잘 보관되어 있다. 종종 이렇게 말하는 아이들도 있다. "우리 선생님은 교과서로 수업하지 않으세요.", "선생님이 나눠 주시는 학습지로 수업하기 때문에 교과서는 필요 없어요. 우리 선생님이 교과서 안 봐도 된대요."

　물론, 선생님께서 친절하게 준비해 주시는 학습지도 중요하다. 그러나 배울 내용에 대한 전반적인 이해를 돕고 단원 간의 흐름을 파악하는데 교과서만큼 좋은 교재는 없다. 학습지를 준비해 주시는 선생님은 교과서에 대한 전반적인 이해와 중요한 것과 그렇지 않은 내용을 이미 충분히 숙지하셨기 때문에 학습지에는 중요한 핵심 부분만 친절하게 잘 정리되어 있다. 핵심내용이 잘 정리된 참고서나 자습서도 마찬가지이다. 이처럼 늘 누군가가 정리해 준 핵심내용을 가지고 학습을 하게 되면 편하게 학습할 수 있다. 그러나 이 학생은 누군가의 도움 없이는 스스로 학습할 수 없으며 자기주도적인 학습자가 될 수 없다. 학원에 다니면서 늘 수동적으로 학습하는 학생들의 문제도 이와 다르지 않다.

반면에 상위 1%의 학생들은 이렇게 말한다.

"교과서의 기본 문제나 예제 문제를 충실히 풀었어요.", "문제집을 풀기 전에 반드시 교과서 개념과 관련된 문제를 여러 번 풀어 보았어요.", "모든 개념은 교과서 안에 등장해요.", "교과서를 손에서 놓지 않았어요.", "내신을 준비하면서 가장 기본이 되는 교재는 교과서라고 생각해요."

그리고 그들은 그 말대로 실천해 오고 있다.

교과서는 학습에 필요한 모든 교재 중에서 가장 기본이 되는 교재이다. 아무리 멋진 건축물이라도 기초공사가 제대로 이루어지지 않은 채 건물이 지어지면 부실공사가 되듯이 교과서를 기반으로 하는 기본 개념에 대한 공부가 되지 않으면 아무리 좋은 학원엘 다니고 문제풀이를 많이 한다고 해도 학년이 올라갈수록 학생들의 학습능력은 향상되지 못한다. 따라서 학생들은 교육과정을 통해 단계적으로 배워야 할 내용을 체계적으로 잘 구성해 놓은 최적의 교재인 교과서로 학습의 기초공사를 다져야 한다.

그럼 이제 교과서의 구성을 파악하고 교과서를 제대로 읽는 방법을 알아보자.

첫째, 책의 구성과 특징을 읽자.
교과서의 첫 표지를 열면 책의 구성과 특징에 대한 설명이 적혀 있다. 과목별로 구성과 특징에 대해서 친절하게 안내하는 설명서와 같은 역할이다.

둘째, 교과서의 목차를 읽자.
교과서의 맨 앞 장에 나오는 목차를 읽으면서 이번 학기에 배울 내용에 대한 예측과 이전 학년에 배운 내용과의 연관성을 살펴볼 수 있다. 목차를 읽는 것만으로도 간단한 예습으로 활용할 수 있다.

셋째, 과목별 대단원과 소단원을 읽자.
대단원과 소단원은 배울 내용이 무엇인지 말해준다. 단원의 제목은 그 단원의 가장 핵심적인 내용을 함축적으로 표현한다. 단원명이 무엇인지도 모르고 본문 내용을 읽는 경우가 있는데 효율적이고 체계적인 학습을 위해서 반드시 배울 단원의 제목을 확인하는 습관을 갖도록 해야 한다.

넷째, 학습 목표를 읽자.

교과서에는 단원마다 학습 목표가 나온다. 학습 목표는 이 단원에서 반드시 배워야 할 목표와 무엇을 중심적으로 학습해야 하는지를 알려준다. 교과서의 본문 내용은 학습 목표에 따라 전개된다. 그리고 시험문제는 거의 학습 목표에 따라 출제되므로 교과서를 읽을 때 학습 목표에 맞추어 읽는 습관을 들여야 한다.

다섯째, 핵심어를 읽자.

요즘 교과서는 예전의 교과서와는 달리 핵심 개념을 설명하거나 중요한 내용을 나타낼 때, 글씨체를 달리하거나 굵게 표시하기도 하고, 어떤 경우에는 다른 색으로 표시하여 강조한다. 이처럼 친절하게 표시한 것은 중요하다고 강조한 것이니 반드시 이해하고 암기하도록 한다.

여섯째, 교과서에 나오는 기본예제를 풀어보자.

교과서의 기본예제는 본 개념에 대한 이해와 관련이 있으므로 반드시 풀어 봐야 한다. 기본 예제뿐만 아니라 교과서에 나온 응용문제 역시 꼭 풀어보도록 한다.

일곱째, 사진과 도표를 살펴보자.

교과서에 나오는 사진과 도표, 그래프 등은 본문 내용을 한눈에 알아볼 수 있고, 내용을 이해하는 데 도움이 된다. 그리고 최근에는 사진, 도표, 그래프를 이용한 시험문제가 자주 출제되고 있다. 따라서 이러한 이미지를 보고 본문 내용을 말과 글로 설명하는 연습을 해야 한다.

과목별 교과서
이렇게 읽자

읽기 능력은 곧 학습능력이다. 학습능력을 향상시켜 자기주도학습을 하기 위해서는 교과서를 제대로 읽는 훈련이 필요하다. 이제 과목별 읽기 방법을 익혀서 대다수 상위권 학생들의 공개된 비밀 공부비법인 교과서 읽기 방법을 배워보자.

국어 교과서 읽기 비법

우리는 국어를 매개로 하여 일상생활에서 여러 사람과 생각이나 정서 등을 말을 통해 주고받으며 다양한 글을 읽고 쓴다. 더욱이 최근 들어 서술형, 논술형 시험의 확대, 스토리텔링 수학으로의 변화 등으로 '국어를 잘해야 다른 과목도 잘한다.'라는 말은 이미 누구나 잘 알고 있다. 이처럼 국어는 모든 학습의 기초가 되는 과목이다. 또한 국어 실력은 하루아침에 이루어지지 않기 때문에 저학년 때부터 관심을 가지고 지도해야 한다.

국어 교과서의 구성에 따른 읽기 방법은 다음과 같다.

첫째, 학습 목표를 읽는다.

대부분의 초중고 국어 교과서는 6~8개의 대단원으로 구성되어 있다. 각 대단원은 2~3개의 소단원으로 구성된다. 단원마다 가장 먼저 나오는 것이 '단원의 길잡이'이다. 단원의 길잡이는 전체 내용을 개괄하는 것으로 단원에서 중점적으로 다루어야 할 내용을 소개하고 학습 목표를 제시한다. 학습 목표는 단원에서 반드시 익혀야 할 내용을 명시하고 있으므로 본문을 읽을 때 학습 목표에 해당하는 부분을 찾아 밑줄을 긋거나 형광펜으로 표시해 두어야 한다. 시험 문제의 출제는 바로 이 학습 목표를 제대로 이해하고 있는지를 평가한다는 점을 잊지 말아야 한다.

둘째, 교과서에 실린 '읽기 전에'를 읽는다.

'읽기 전에'는 본문에서 다루게 될 내용을 글이나 사진, 삽화를 통해 학습자로 하여금 흥미를 유발하기 위한 장치이다. 물론 직접 시험에 나오지는 않지만, 해당 단원을 배우기 전에 간단한 예습으로 활용하도록 한다.

셋째, 본문을 읽기 시작한다.

본문을 읽을 때는 묵독과 낭독을 함께 하면 본문을 이해하는 데 더욱 도움이 된다. 본문은 다음과 같이 읽도록 한다.

- 글의 종류와 특징에 따라 읽는다. 문학 작품은 감상하면서 읽고, 설명문은 정보를 습득하면서, 논설문은 비판하며 읽도록 한다.

- 주제를 찾으면서 읽는다. 주제를 찾으면서 작품 전체의 내용과 글쓴이의 생각을 파악하며 읽도록 한다. 주제를 알아야 작품의 전체 내용에 올바르게 접근할 수 있다.

- 각 단락의 중심 내용을 찾으면서 읽는다. 중심 내용을 찾기 전에 교과서에 직접 단락을 나누어 표시해 본다. 처음에는 단락을 나누기가 쉽지 않으므로 자습서를 참고하여 단락을 나누고 번호를 매겨 표시한다. 단락을 다 나누었으면 각 단락의 중심단어를 찾도록 한다. 국어 교과서에서 주제는 대개 문단의 첫 문장이나 마지막 문장에 제시된다. 주제 문장의 주어가 곧 중심단어이며 이는 단락 내에서 반복적으로 등장하기도 한다.

넷째, 교과서에 나온 문제 풀이를 통해 이해를 돕도록 한다.

단원을 얼마나 이해하고 있는지를 확인하는 문제로 구성되어 있다. 이해활동은 단원의 학습 목표, 읽기 전에, 본문이 유기적으로 연결되어 있으므로 문제를 풀이해 나가면서 자연스럽게 단원을 복습할 수 있다. 대다수의 학교 시험문제가 교과서에 실린 문제를 바탕으로 나오지만 많은 학생들이 교과서의 문제 풀이를 하지 않고 평가문제집만 풀기 때문에 체계적이고 효과적인 학습이 이루어지지 않고 있다.

수학 교과서 읽기 비법

수학은 대표적인 체계학습 과목이다. 많은 학생들이 어려워하는 과목이자 학년이 올라갈수록 좋은 결과를 기대하기 힘든 과목이기도 하다. 그래서 수학 과목에 대한 사교육의 열풍은 대단하다. 하지만 많은 시간과 비용을 투자하고도 만족할 만한 성과를 올리기는 쉽지 않다. 수학은 개념학습이며 단계학습이기 때문에 의외로 단순하고 쉬운 과목이다. 다른 과목과 마찬가지로, 교과서를 읽고 개념을 파악한 후 문제를 풀고 심화학습을 통해 원리를 적용하는 단계학습을 해야 한다.

많은 학생들이 수학교과서를 읽지 않는다. 교과서를 읽지 않을 뿐 아니라 개념정리도 하지 않은 채, 그저 문제 풀이에만 급급하다. 그래서 문제의 유형이 조금만 바뀌어도 당황하고 손도 못 대는 경우가 허다하다.

그렇다면, 어떻게 구성에 따라 수학 교과서를 읽을지 그 방법을 알아보자.

첫째, 단원의 학습 목표를 읽는다.

모든 교과서에는 학습 목표가 있다. 수학도 예외는 아니다. 우선 학습 목표에서 강조한 수학적 개념을 이해해야 한다. 대다수가 문제집 위주로 선행학습을 하는 나쁜 습관이 몸에 배어있기 때문에 개념학습이 절대적으로 부족하고 정리학습이 되어 있지 않다. 문제를 풀기에 앞서서 학습 목표가 제시하는 수학적 개념을 반드시 익히도록 한다.

둘째, 교과서에 실린 예제(보기)를 풀어 본다.

수학 교과서에는 단원별로 개념과 원리를 이해하기 위한 예제(보기)가 있다. 이 예제(보기)를 가지고 개념과 원리를 파악해 보아야 한다. 학생들은 예제(보기)가 비교적 쉽게 느껴지기 때문에 대부분 그냥 지나치기 쉽다. 그러나 쉬운 문제를 가볍게 여기지 않는 것이 상위권 학생들의 가장 기본적인 공부 비법이기도 하다.

셋째, 교과서에 나온 문제를 모두 풀어 본다.
교과서에 나오는 모든 문제는 반드시 풀어야 한다. 교과서의 문제풀이 없이 문제집만 풀어서는 문제 풀이의 양은 많을지라도 체계적인 단계 학습을 하기 어렵다. 교과서의 문제를 풀 때는 '이 문제는 이 단원의 어떤 개념을 묻고 있는 것일까?'라는 의문을 가지고 접근하도록 한다. 더 나아가 자기만의 개념을 정리하여 교과서에 포스트잇 등으로 붙여두는 것도 좋은 방법이다. 각 소단원의 예제 문제 유형을 기억하고 문제 풀이과정을 통해 원리를 익히면서 공부하도록 해야 한다. 수학 성적 상위권 학생들은 수학 공부의 비법을 "수학 교과서 한 권을 외울 정도가 될 때까지 반복해서 읽고 풀었다."라고 말했다. 문제집 위주로 공부하면 영영 수학을 놓치게 된다. 문제집 위주로 공부하지 말고 교과서 위주로 공부하되 특히 예제 문제 중심으로 공부하면 효과적이고 체계적으로 수학학습을 할 수 있다.

영어 교과서 읽기 비법

영어는 학생들이 가장 많은 시간과 비용을 들여서 공부하는 과목이다. 어려서부터 그렇게 많은 시간과 비용을 투자했는데도 도대체 왜 학교 시험에서 좋은 결과를 내지 못하는 것일까? 가장 큰 이유는 학생들이 과도한 선행학습으로 교과서를 너무 쉽다고 무시하기 때문이다. 그러나 기초 공사 없이 튼튼한 건물을 지을 수 없듯이 교육과정에 따라 구성된 교과서를 무시하고서 아무리 많은 선행학습을 한다고 해서 좋은 결과를 가져올 수 없다.

영어 과목 역시 국어와 마찬가지로 듣기와 말하기, 읽기와 쓰기가 핵심 내용이다. 최근에는 영어 교육이 실용적인 언어 습득을 중요시하기 때문에 영어 교과서도 듣기와 말하기로 영어에 익숙해지도록 한 후 독해와 문법, 작문을 익히도록 구성되어 있다.

학교 시험에서 영어 성적을 잘 받기 위해서는 영어 교과서를 체계적으로 학습해야 한다.

영어 교과서의 구성에 따른 읽기 방법은 다음과 같다.

첫째, 단원의 학습 목표를 읽는다.

학습 목표에서는 그 단원에서 배우게 될 주요 표현과 핵심 문법이 나온다. 단원에서 익혀야 하는 일상 회화 표현과 익혀야 할 문법이 2~3가지 정도 나오는데 학습 목표가 무엇인지에 맞춰 그 단원 학습을 진행하면 된다.

둘째, 듣기와 말하기(Listening & Speaking) 부분을 읽는다.

영어 선행학습과 조기교육을 경험한 학생들은 교과서에 나오는 듣기 말하기 부분은 쉽게 생각하고 꼼꼼하게 학습하지 않는다. 듣기와 말하기 부분이 학생들의 학습 수준에 비해 다소 쉬운 감이 있지만 그렇다고 해서 이 부분을 소홀히 하면 안 된다. 듣기 영역은 교과서 뒤에 듣기 대본을 수록하고 있으며 오디오를 통해 스스로 공부할 수 있도록 구성되어 있다.

듣기 문제 형식은 크게 두 가지이다. 하나는 대화를 듣고 질문에 답하는 것으로, 보통 대화의 주제나 상황을 묻는다. 다른 하나는 사진이나 그림을 제시하고 그 그림과 맞는 내용 또는 틀린 내용을 고르는 방식이다. 토익 시험에도 이러한 형식의 문제가 나오고 있다. 평소 그림이나 사진을 보고 영어로 말하는 연습을 하면 이런 문제에 익숙해질 수 있다. 말하기는 대화문을 제시하며 이를 응용해 말하는 법을 익히도록 하는 데 목적이 있다. 스크립트를 소리 내어 여러 번 읽어 본 후 친구와 서로 대화하듯이 연습한다면 말하기 실력향상에도 도움이 된다. 스크립트를 반복해서 여러 번 읽어 보고 내용을 보지 않고도 자연스럽게 쓸 수 있도록 암기한다.

셋째, 본문(Reading) 내용을 읽어 본다.

읽기는 교과서의 본문 내용을 읽고 해석하며 독해력을 향상시키는 데 그 목적이 있다. 반드시 한국어로 정확하게 해석하지 않더라도 반복해서 본문 내용을 읽으면서 문장에 익숙해지도록 연습한다. 영어 본문내용을 읽을 때도 묵독과 낭독을 번갈아가며 읽기에 적용한다. 영어 읽기가 익숙하지 않은 학생은 교과서 본문이 수록된 CD나

MP3를 들으면서 소리에 익숙해지도록 반복해서 듣는다.

영어 실력을 점차 향상시킬 수 있는 방법의 하나가 '따라 쓰기'이다. 본문 내용을 그대로 따라 쓰면 자연스럽게 영어문장이 익숙해지는 데 도움이 된다. 매일 꾸준하게 본문 내용 '따라 쓰기'를 해보자. 영어실력 향상과 교과 성적 향상이라는 두 마리 토끼를 잡게 될 것이다.

영어 과목에 어려움을 느끼는 학생들은 문제집부터 풀지 말고 먼저 교과서의 지문을 익숙하게 만든 후 점차 모르는 부분을 확인하고 이해하면서 학습하는 것이 중요하다. 교과서의 지문이 어렵게 느껴진다면 조금 쉬운 영어 동화책을 보며 우선 영어에 재미를 느끼고 자신감부터 키우도록 해 보자.

넷째, 문법(Grammar), 유용한 표현(Useful expression)을 읽는다.

학생들이 영어를 어렵게 느끼는 가장 큰 이유는 문법이라고 해도 과언이 아니다. 우리나라에서 가르치는 영문법은 영어 문법을 일본어로 번역하고 이를 다시 우리 말로 번역하는 방식이기 때문에 용어 자체가 어렵게 느껴진다. 그리고 사교육 환경에서도, 문법을 '실용적인 언어 습득 과정'이 아닌 학습의 원리로 배우므로 지루하고 재미가 없다. '영어 문법 ○개월 완성', '방학 특강' 등의 형태도 단숨에 많은 양의 문법 내용을 익히도록 하므로 효과적이지 못하다.

우리 교육과정에서는 고등학교 때까지 각 단원에 2~3개 정도의 문법을 배운다. 단원에 해당하는 문법을 중심으로 공부한다면, 학습에 대한 부담감을 줄일 수 있다. 각 단원에는 본문 내용에서 나온 2~3가지의 유용한 표현(Useful expression)이 나오는데 읽고 쓰기를 반복하면서 암기하도록 한다.

다섯째, 쓰기(Writing)를 읽고 학습한다.

쓰기는 자기 생각을 영어로 쓰는 능력을 기르는 데 목적이 있다. 교과서에서는 그림이나 사진을 제시하고 그 단원에서 배운 문법을 바탕으로 문장을 완성하거나 그림을 보고 영어 표현 만들기, 틀린 부분 고치기, 글의 내용 요약하기, 주제 찾기 등으로 영어 작문을 훈련한다. 쓰기를 통한 서술형 문제가 자주 나오므로 좋은 성적을 얻기 위해서는 그 단원의 문법을 제대로 익히고 예시 문장을 이해하고 암기해야 한다. 그리고 이 방법을 꾸준히 연습한다면 응용된 문제가 출제되더라도 좋은 성적을 올릴 수 있다. 교과서의 본문 내용의 단어를 가린 후 여러 장 복사하여 빈칸 채우기 연습을 하는 방법도 학생들의 영어 실력 향상에 도움이 된다.

사회(역사) 교과서 읽기 비법

사회와 역사는 상식과 사회, 문화적 경험을 비롯해 독서량이 많을수록 도움이 되는 과목 가운데 하나이다. 배경지식이 있으면 그만큼 공부가 재미있게 느껴지기 마련이다. 단원의 내용과 관련된 책을 읽고 관련 있는 장소는 직접 방문을 해 보면 더욱 도움이 된다.

사회와 역사 교과서는 목차에 중심 내용이 모두 정리되어 있다. 교과서의 구성 체계에 따라서 본문을 반복해서 읽는 것이 사회 공부의 핵심이라고 할 수 있다.

사회 교과서의 구성에 따른 읽기 방법은 다음과 같다.

첫째, 단원의 학습 목표를 읽는다.

모든 교과서는 학습 목표를 통해 단원의 목표를 분명하게 밝힌다. 그리고 대부분 이 학습 목표를 바탕으로 시험 문제가 나온다. 따라서 본문을 읽을 때는 학습 목표를 염두에 두고 본문에서 학습 목표를 구체적으로 서술하는 부분이 나오면 밑줄을 그어 놓는다. 때로는 학습 목표에 해당하는 내용을 유추해서 알아내야 하는 경우가 있다. 실제로 많은 학생들이 유추하는 문제를 풀 때 많은 어려움을 느낀다. 이처럼 학습 목표가 본문에 구체적으로 드러나지 않을 때에는 본문 내용과 사진 자료, 배경지식을 동원해서 문제를 해결해 나가도록 한다.

둘째, 대단원의 제목과 소단원의 제목을 읽는다.

사회, 역사 과목은 제목과 목차에 단원의 핵심이 들어있다. 따라서 단원의 제목과 목차만으로도 그 단원의 중심 내용과 핵심 내용을 파악할 수 있다. 또한 목차를 보며 앞으로 배울 내용을 예습하고 큰 흐름을 파악할 수 있다. 교과서의 목차는 본문 내용을 읽기 전에는 예습 활동으로 읽고 본문 내용을 습득한 후에는 목차를 보며 핵심 내용을 설명할 수 있도록 학습한다.

셋째, 교과서의 본문을 읽는다.

사회 교과서를 읽을 때는 한 번에 많은 분량을 읽지 않는 게 좋다. 배경지식이 충분하지 않은 학생들에게 사회, 역사교과서의 생소한 용어나 복잡한 지도는 읽기도 전에 두려움으로 다가온다. 우선, 공부할 단원의 전체를 대충 훑어본다. 그다음 천천히 읽으면서 중심 단어와 중심 내용에 밑줄을 긋는다. 어려운 단어나 중요한 부분은 소리 내어 읽어 본다. 앞장에서 다룬 SQ3R 등의 읽기 전략을 활용해서 본문을 읽어 보도록 한다. 2~3일에 걸쳐 다시 한 번 눈으로 읽으면서 용어와 전체 흐름이 낯설지 않도록 반복해서 읽어 본다. 처음에는 이런 과정이 번거롭지만 반복할수록 읽는 속도가 빨라지고 전체적인 흐름을 이해하고 본문내용을 자연스럽게 암기하는 데 효과적이다.

넷째, 교과서에 실린 다양한 자료를 읽어 본다.

사회, 역사 과목에서 교과서에 실린 자료들은 다른 과목에 비해서 더욱 중요하다. 최근에는 지도, 도표, 유물 등의 자료를 제시하고 그 내용을 묻는 문제들이 많이 나오고 있다. 따라서 교과서에 실린 자료는 절대로 지나치지 말고 본문내용과 연계해서 이해하고 암기하도록 해야 한다.

과학 교과서 읽기 비법

과학 교과는 학생들에게 선호도의 차이가 크게 나는 과목 중의 하나다. 대체로 과학 교과는 여학생들보다 남학생들이 선호하는 경향이 있다. 과학을 잘하기 위해서는 과학적인 호기심이 바탕이 되어야 하지만, 과학적인 호기심이 없을지라도 과학은 우리 일상생활과 밀접한 관계가 있으므로 생활 속에서 과학 현상을 찾아보도록 노력해야 한다. 최근의 시험 문제도 실제 생활과 관련되어 나오고 있기 때문이다.

과학 교과서의 구성에 따른 읽기 방법은 다음과 같다.

첫째, 단원의 학습 목표를 읽는다.

교과서의 본문을 읽기 전에 학습 목표를 읽고 그 단원에서 배워야 할 부분을 명확히 한다. 과학 과목은 실생활에의 적용을 중요하게 여기므로 개념이나 공식만 외우려고 하지 말고 단원에서 제시하는 학습 목표를 반드시 숙지하도록 한다.

둘째, 대단원의 제목과 소단원의 제목을 읽는다.

사회 과목과 마찬가지로 과학과목 역시 제목과 목차에 단원의 핵심이 들어있다. 목차를 읽으면서 배울 내용에 대한 예습과 이전 학년의 과학 교과와의 연관성을 생각하며 읽어 내려간다. 과학은 매 학년 새로운 개념을 배우고 익히는 것이 아니라 학년이 올라갈수록 심화된 내용의 학습을 하도록 교과 과정이 구성되어 있다. 이전 학년에서 배운 내용을 떠올려 보고 배울 단원에 대한 세부적인 개념을 추측하며 목차를 읽고 전체적인 흐름을 파악한다.

셋째, 교과서의 본문을 읽는다.

본문은 크게 개념정리와 탐구활동으로 나뉜다. 사회 교과와 마찬가지로 한꺼번에 본문을 모두 이해하면서 읽는 것보다는 여러 번에 나누어서 반복하여 읽도록 한다. 개념에 해당하는 핵심어는 굵고 진한 글씨로 편집되어 있는데, 교과서의 본문을 읽을 때 학습 목표와 개념에 해당하는 핵심어에 밑줄을 그어 가면서 읽도록 하면 학습에 더욱 효과적이다. 그리고 탐구활동은 실험을 통해 개념을 익히도록 구성되어 있다. 다른 교과와 달리 과학 교과의 생명은 실험이다. 탐구활동은 학생이 직접 과학의 원리와 현상을 경험하고 깨우치도록 돕는 장치이다. 따라서 실험 안에 그 단원의 중심 내용과 과학 원리가 모두 들어 있다고 해도 지나치지 않는다. 또한 과학 시험의 대부분은 교과서의 실험과 탐구 활동 영역에서 출제된다. 간혹 실험 여건이 좋지 않아서 실험을 직접 해볼 수 없거나 성공적인 실험결과가 도출되지 않는 경우도 있는데, 이런 때에는 자습서나 문제집을 통해 실험결과를 정리하는 것도 도움이 된다.

넷째, 교과서에 나온 자료를 읽는다.

과학은 현실의 경험을 바탕으로 논리를 만들고 이 논리를 통해 또 다른 추론을 이끌어 내는 학문이다. 과학 공부의 목적은 일상에서 일어나는 여러 현상을 통해 숨겨진 원리를 깨닫도록 하는 데 있다. 이러한 현상들은 글보다 이미지가 훨씬 이해하기 쉬워 과학 교과서에는 유독 이미지가 많이 등장한다. 이 이미지를 보고 설명할 수 있다면 내용을 제대로 이해했다고 봐도 무방하다. 과학 교과서의 이미지를 잘 해석하는 방법은 상상력과 논리력이다. 과학적인 상상력과 논리력을 키우기 위해서는 평소에 과학과 관련된 책을 꾸준히 읽고 교과서의 본문을 구체적 이미지로 상상하는 훈련을 하도록 한다.

과목별 학습노트 만들기

학습 날짜		년 월 일 요일 시 분~ 시 분	
과목		학습 주제 (학습 목표)	
학습 내용			

* 한 줄 정리/소감

교과서를 활용한
읽기 학습코칭 사례

〈사례 1〉

　중3 지호는 수학과 영어 과목에서는 늘 90점 이상을 받는다. 그러나 국어 점수는 항상 70점을 넘지 못했다. 지호에게 국어 교과서에 실린 '동백꽃'을 읽게 했다. 주인공인 점순이가 '나'를 좋아하면서도 겉으로는 표현을 못하고 괜히 괴롭히는 장면이었다. 지호는 점순이의 행동을 이해하지 못한다. "선생님, 정말 점순이가 '나'를 좋아서 그렇게 하는 거예요? 좋아하는데 왜 그래요?"
　요즘 학생들은 미디어에 익숙하기도 하고 책을 읽는 시간이 없어서 문학작품을 읽고 작가의 의도대로 공감하는 능력이 많이 부족하다. 지호뿐만 아니라, 다른 학생들도 문학작품, 특히 근대소설이나 시를 읽고 느낌을 말해 보라고 하면 작가가 말하는 내용이나 주인공의 행동이나 말을 이해하지 못하는 경우가 종종 있다.

국어실력을 하루아침에 키울 수는 없다. 작가의 의도를 파악하고 인물의 마음을 헤아리기 위해서는 틈틈이 소설이나 시를 읽으면서 감상하는 능력을 키워주어야 한다.

〈사례 2〉

초6 수빈이는 수학에 어려움을 느껴 코칭을 의뢰했다. 수빈이는 수학 학원에 다니지 않고, 그동안은 문제집만 풀었다고 한다. 개념정리가 되지 않은 상태였기 때문에 문제 유형이 조금만 바뀌어도 힘들어했다.

우선 교과서의 개념정리 부분을 읽게 한 후, 코치에게 설명해 보는 방식으로 코칭을 시작했다. 코치에게 설명하기 위해서는 개념을 확실하게 알아야 했기에 예시 문제를 풀 때도 자신감이 있었고, 유형이 바뀐 문제를 풀 때도 전처럼 두려워하지 않게 되었다. 교과서의 개념을 읽고 교과서의 문제를 반복해서 풀어 본 뒤 한 권의 문제집을 반복해서 푸는 방법으로 공부 방법을 바꿨더니 성적이 올랐고 수학에 대한 자신감도 생겼다.

〈사례 3〉

중2 예원이는 영어 학원에 다니고 있다. 주 3회 다니는 영어학원에서 문법과 독해를 배운다. 수업시간에 배우는 것도 많고 숙제도 열심히 하지만 좀처럼 성적은 오르지 않는다. 예원이 뿐만 아니라 많은 학생들이 학교 수업과는 동떨어진 영어 사교육을 받으면서 힘에 겨워하고 있다. 공부하는 시간은 많은데 좀처럼 성적은 오르지 않는다. 물론 사교육에서도 시험기간에는 내신 성적 관리라는 명목하에 별도의 수업을 진행하지만, 이것만으로는 효과적이지 못하다.

예원이는 영어 코칭을 하면서 학원 수업을 당분간 잠시 쉬기로 했다. 그리고 교과서를 기본으로 하는 코칭이 시작되었다. 문법은 그 단원에 제시된 2~3가지 정도의 문법을 이해하도록 했다. 말하기 듣기 부분을 코치와 함께 서로 번갈아 가며 대화하듯이 읽어 보고 몇 번의 반복을 통해 코치가 한국어로 말하면 예원이는 영어로 동시통역을 했다. 이미 반복해서 여러 번 익힌 터라 동시통역은 수월히 진행됐다. 예원이 스스로도 그런 자신의 모습을 대견스러워했다.

본문 내용을 코칭 할 때도 비슷한 방법을 적용했다. 본문을 여러 번 읽게 하고 예원이가 스스로 정한 횟수만큼 '본문 베껴 쓰기' 과제를 내주었다. 그리고 수정 펜으로 지운 본문에 빈칸을 채워보도록 했는데 예원이도 자신이 빈칸을 잘 채우는 것에 신기해했다.

마지막으로 듣기 말하기 코칭을 할 때와 같이 코치가 본문을 한글로 읽어 주면 예원이는 동시통역을 했는데 여러 번 반복했기 때문에 잘 진행되었다. 이렇게 교과서 읽기와 쓰기를 반복한 결과 예원이의 영어점수는 하위권에서 중상위권으로 급상승했다.

《사례 4》

성준이는 암기과목을 어려워하는 학생이다. 특히 사회 과목에서 성적이 낮았는데, 이유를 분석해 보니 일주일에 한 권의 책도 읽지 않는다는 사실을 알았다. 성준이의 말에 따르면 책을 읽을 시간이 없다고 한다. 학원에 다니면서 학원 숙제를 하다 보면 시간이 턱없이 부족하다는 것이다. 하지만 그러면서도 주말에는 게임도 하고 예능 프로그램도 챙겨 보고 있었다. 나는 그 불만에 반론을 제기하지 않고 책 읽기에 시간이 부족하다는 말을 공감해 주었다. 그러자 성준이는 코치에게 마음을 열어 주었고, 그렇게 사회 과목 코칭이 시작되었다.

성준이에게 사회 교과서를 가져오라고 했는데 역시나 교과서가 없다고 한다. 심지어 한 번도 교과서를 읽어본 적이 없다고 했다. 교과서가 무거워서 들고 다니지 않는다는 성준이의 말에 나는 어머니께 부탁하여 교과서를 추가로 구입하도록 했다.

사회 교과서를 펼치고 학습 목표를 읽게 했다. 학습 목표가 의미하는 바를 설명한 후 한 문단씩 천천히 읽어 내려갔다. 모르는 단어에 밑줄을 긋게 하고 함께 의미를 찾아보았다. 사회 과목이 어려운 이유는 익숙하지 않은 한자어가 많이 나오기 때문이다. 또한 동음이의어도 학생들의 사회학습을 어렵게 하는 이유 중 하나이다. 이처럼 생소한 단어와 동음이의어에 대한 설명을 천천히 해 나가면서 성준이는 본문을 차츰 이해하게 되었다. 본문 내용을 충분히 반복해서 읽고 숙지한 후에는 교과서의 그림과 도표, 지도 등을 살펴본 후 문제집의 문제를 풀도록 했다. 교과서의 본문 내용을 숙지하고 그림과 도표, 지도를 통해 학습 목표를 파악하고 문제를 풀었기 때문에 문제를 푸는데 어려움이 없었다. 교과서 읽기를 통한 사회 공부방법이 처음이었지만, 반복적인 읽기로 학습 내용의 이해가 쉬웠기 때문에 아이 스스로도 만족했고 시험결과 또한 성공적이었다. 사실 모든 공부는 이해와 암기가 함께 수반된다. 이후에 성준이는 다른 과목에도 이 방법을 적용하여 좋은 성적을 얻을 수 있었다.

4장

시험에 강한
서술형 학습법

서술형 평가에 빛을 더하는 읽기력

교육의 본질은 인간 행동을 바람직한 방향으로 변환시키기 위하여 의도적·계획적으로 노력하는 과정이다. 교육 활동은 반드시 교육한 내용에 대한 평가가 수반되어야 하는데 적절한 평가는 학습자들의 교육 활동의 결과뿐 아니라 교육 활동 자체의 개선을 위해서도 반드시 필요하다. 최근 교육과정에 수반되는 평가가 변화하고 있다. 즉, 답안이 반드시 하나인 '정답형 문항'으로부터 문제 해결을 위한 다양한 가능성에 대한 탐색을 통해 여러 개의 가능한 답안을 작성하도록 요구하는 '해답형 문항'으로 바뀌는 추세다. 또한 학생들의 선택을 요구하는 '간접 반응 평가'인 선택형, 단답형, 완성형 문항에서 학생들이 자신의 지식이나 생각을 직접 구성하도록 요구하는 '직접 반응 평가'인 서술형 문항으로 변화되고 있다.

　서술형 평가는 주어진 질문에 대해 알고 있는 지식이나 생각을 직접 써서 답하는 시험의 한 종류로 학습 내용에 대한 이해 여부를 답하는 것이다. 이미 사회는 많은 양의 지식을 단순하게 외우는 것보다 지식을 바탕으로 주어진 문제를 해결하는 능력이 있는 사람을 필요로 한다. 하지만 단답형이나 객관식 평가로는 이러한 능력을 확인할 수 없다. 교과 영역을 넘나드는 융합문제와 학생의 창의력과 문제 해결력을 측정하는 문제는 단답형으로 평가하는 데 어려움이 있다. 따라서 앞으로의 교육 정책에 가장 적합한 평가 방법이 바로 서술형 문제이고 그래서 그 비중 또한 점점 높아질 것이다.

　논술형 평가는 학습한 내용에 대한 학생의 견해나 주장을 논리적 과정을 통해 서술하는 방식이다. 즉, 주어진 질문에 대해 출제자가 사전에 제시한 답을 작성하는 평가방식이 아니라 출제 문제에 대해 학생이 생각하는 지식이나 의견을 직접 서술하도록 평가하는 방식이다. 논술형 평가가 확대되는 이유는, 서술형 평가와 마찬가지로 현대사회가 지식을 바탕으로 주어진 문제를 해결할 수 있는 능력이 있는 사람을 필요로 하기 때문이다. 논술형 평가 방식의 가장 큰 장점은 학생이 자신의 의견을 직접 서술하기 때문에 창의적 문제 해결력, 비판력, 판단력, 통합력, 분석력, 추론력 등의 고등 사고 능력의 평가가 가능하다. 이러한 평가 방식은 서술형 평가와 함께 앞으로의 교육 정책에 가장 적합한 평가 방법이 될 것이다. 따라서 논술형 평가 방식의 비중과 교과목의 범위도 점점 높아지고 있다.

　서술형 평가와 논술형 평가의 차이는 다음과 같다.

- 서술형 평가 : 학생이 서술해야 하는 분량이 상대적으로 많지 않고, 채점할 때 서술된 내용의 깊이와 넓이에만 관심이 있는 평가 문항

- 논술형 평가 : 개인 나름의 생각이나 주장을 창의적이고 논리적으로 설득력 있게 조직하여 작성해야 함을 강조하는 평가 문항

그렇다면 서술형 평가와 논술형평가의 평가유형은 어떻게 되는지 살펴보자.

서술형·논술형 평가의 유형은 문제에 대한 답안의 길이(문장 수, 글자 수, 또는 행 수)에 물리적 제한을 가하는 문항, 응답 내용 범위에 제한을 가하는 문항, 응답 서술 양식에 제한을 가하는 문항으로 나뉜다.

> (예)
> ~를 50자 내외로 설명하시오.
> ~를 4가지만 쓰시오.
> ~를 한 문장으로 요약하시오.

> (예)
> ~ 국가 경제적 및 정치적 측면에서 예를 들어 설명하시오.
> ~ 갑오농민혁명의 역사적 의의를 쓰시오.

(예)
~를 제시하시오.
~에 대하여 예를 들어 설명하시오.

    서술형 평가의 도입은 아이들에게 더 큰 학습 부담을 주는 것이며 또 다른 형태의 사교육 부추기라는 염려의 목소리도 컸다. 서술형·논술형 평가는 선다형 평가보다 채점의 객관성이 상대적으로 낮다. 채점기준을 아무리 정교하게 작성해도 수험자가 자유롭게 답한 답에 대해 누구나 수긍하는 일관되고 객관적인 채점을 하는 데는 한계가 있기 때문이다. 또한, 서술형·논술형 평가는 채점하는 데 시간과 노력이 많이 든다. 그리고 문항 표집 수가 제한되기 때문에 학교 시험에서는 서술형 평가로 몇 개의 문항밖에 출제하지 못한다. 몇 개의 문항만으로 학생의 학습 성취 정도를 평가하는 것은 불가능하다. 학습 목표를 제대로 측정하지 못하게 되는 경우가 발생하기 때문이다. 따라서 이 때문에 시험의 타당도와 신뢰도가 낮아질 수 있다는 것을 유념해야 한다.

    그렇지만 평가방식의 변화는 많은 장점도 가지고 있다. 서술형·논술형 평가는 표현력, 사고력, 문제 해결력 신장과 같은 일반적 교육목표와 개념 혹은 원리의 적용과 같은 구체적 학습 목표를 쉽게 평가하는 데 유리하다. 또한 서술형·논술형 평가는 교육적 측면에서 볼 때, 학습자의 학습 태도를 개선해 준다. 학생들은 대개 교과서나 참고서의 중요 내용 또는 참고서의 선택형 연습 문제를 암기하는 경향이 있다. 반면 서술형 문항은 개념이나 원리 적용을 측정하는 경우가 많다. 그뿐만 아니라 원리를 찾아 조직하고 자신의 말로 표현해야 한다. 따라서 학생들은 개념을 활용하고, 개념을 정리하고, 원리를 찾아보고, 원리를 적용해 보는 학습활동을 통해 바람직한 지적 기능을 학습하는 태도를 기를 수 있다.

새로운 평가방식의 문제점을 보완한다면, 서술형·논술형 평가는 변화하고 있는 교육 과정과 정책에 가장 적합한 평가 방법이 될 것이다. 따라서 서술형·논술형 평가 방식의 비중과 교과목의 범위도 점차 확대될 것으로 전망한다.

참고자료1

서술형·논술형 평가 문항의 실제

1) 초등 서술형·논술형 평가 예시

[사회]과 서술형 평가 문항카드(예)

문항번호	1번	학년	초3
난이도	중	배점	5점
출처	〈3-2〉1단원. 고장 생활의 중심지(교과서 26쪽~33쪽)		
평가내용	고장 간의 교류		
성취기준	고장 간의 교류 모습과 교류가 일어나는 이유를 알 수 있다.		

※ 다음 글을 읽고 물음에 답하시오. [5점]

(가)고장에서는 수산물이 많이 생산되고 갯벌체험학습, 염전체험학습 등과 같은 자연 체험 학습장을 지역자치단체에서 운영합니다. 한편, (나)고장에는 큰 영화관과 김치박물관 등이 있으며 가전제품을 만드는 공장이 있습니다.

(가)고장

(나)고장

(1) (가)와 (나)고장에서 일어날 수 있는 교류 모습을 쓰시오. [2점]

(2) (가)와 (나)고장에서 고장 간의 교류가 이루어지는 이유가 무엇인지 쓰시오. [3점]

◉ 예시답안

★ 1번 예시답안

(나)고장의 주민들은 (가)고장에서 나는 수산물을 수산시장에서 사먹고, 갯벌체험학습, 염전체험학습 등을 간다. 또, (가)고장 주민들은 (나)고장에서 생산되는 가전제품을 사오고, 영화 관람이나 박물관 견학을 위해 (나)고장을 방문한다. 등

★ 2번 예시답안

지방마다 자연환경과 인문환경(문화적 혜택)이 달라서 생산되는 생산물과 이용할 수 있는 인문환경 또는 문화적 혜택이 달라서 등

◉ 채점 기준

평가 요소		채점 영역	
		문제파악	근거의 적절성
문항 번호	배점	두 고장 간에 일어나는 생산물의 교류 모습을 정리하여 쓸 수 있으며 인문환경, 자연환경 이용 모습 모두 구체적으로 쓸 수 있다.	두 고장 간에 교류가 일어나는 이유에 대해 적절한 근거를 들어 논리적으로 설명할 수 있다.

평가 요소		채점 영역		
			문제파악	근거의 적절성
1	(1)	2	두 고장 사이에서 일어나는 생산물의 교류와 인문환경, 자연환경의 이용 모습을 모두 정리하여 정확하게 서술할 수 있다.	-
		1	두 고장 사이에서 일어나는 생산물의 교류나 인문환경 이용 모습 중 하나를 쓸 수 있다.	-
		0	두 고장 사이에서 일어나는 교류에 대해 서술하지 못함	-
	(2)	3	-	두 고장 간에 교류가 일어나는 이유에 대해 적절한 근거를 들어 논리적으로 설명할 수 있다.
		2	-	두 고장 간에 교류가 일어나는 이유에 대해 적절한 근거를 제시하였으나 논리성이 미흡함
		1	-	두 고장 간에 교류가 일어나는 이유에 대해 근거를 제시하였으나 타당성이나 논리성이 부족함
		0	-	두 고장 간에 교류가 일어나는 이유에 대한 근거 제시에 어려움이 있음

⊙ 채점 시 유의 사항

◇고장 간의 교류 모습과 교류가 일어나는 원인에 대한 정확히 이해하고 있는지에 중점을 두어 평가한다.

[수학]과 서술형 평가 문항카드(예)

문항번호	10번	학년	초4
난이도	하	배점	3점
출처	수학 4-2-4. 사각형과 다각형 (60~65쪽)		
평가내용	사각형의 성질 알아보기		
성취기준	평행사변형, 마름모, 정사각형의 개념을 알고, 그 성질을 이해한다.		

1. 다음 두 도형의 공통적인 성질을 3가지 쓰시오. [3점]

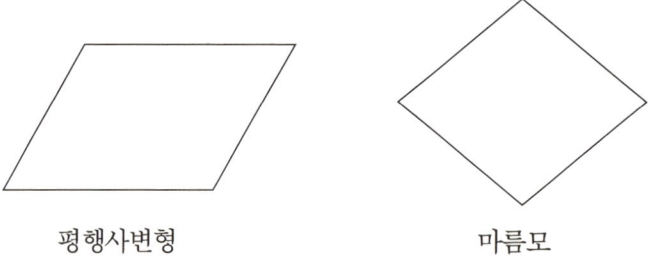

평행사변형   마름모

① _____
② _____
③ _____

202

◉ 예시답안

- 마주 보는 변의 길이가 같다.
- 마주 보는 두 쌍의 변이 서로 평행이다.
- 마주 보는 각의 크기가 같다.

◉ 채점기준

평가 요소	채점 영역
배점	- 예시답안 중 3가지를 정확히 설명함 (3점)
3	- 3가지 정답을 적은 경우(예시답안 참조)
2	- 2가지 정답을 적은 경우
1	- 1가지 정답을 적은 경우
0	- 무응답 또는 오답

[과학]과 서술형 평가 문항카드(예)

문항번호	6번	학년	초4
난이도	중	배점	6점
출처	4학년 2학기 4단원 '화산과 지진' 교과서(128~129쪽)		
평가내용	화산 활동과 우리 생활의 관계		
성취기준	화산 활동이 우리 생활에 미치는 영향에 대해 설명할 수 있다.		

※ 다음 신문기사를 읽고 물음에 답하시오.

(예)

1 '제주 화산섬과 용암 동굴'이 세계자연유산으로 등재된 것은 한반도 '남녘의 섬' 제주도의 아름다움과 지질학적 가치를 국제사회가 폭넓게 인정했다는 점에서 의의를 찾을 수 있다.

360여 개의 기생화산(오름)을 거느린 거대한 순상화산체와 다양한 생물들, 수십만 년 전 용암이 흘러내리며 만들어 놓은 수많은 동굴과 그 안을 수놓은 다양한 석회장식 등의 위용에 세계가 놀란 것이다.

(크라이스트처치〈뉴질랜드〉=연합뉴스) 김승범 기자 발췌

(예)

2 이탈리아 시칠리아 섬의 에트나(Etna)화산이 13일(현지시각) 폭발을 일으켰다. 시뻘건 불이 하늘로 솟구쳤고 분화구에서 용암이 끊임없이 흘러나왔다.

(뉴스 한국 닷컴) 2011-01-14 발췌

(1) 위 **1**번 기사를 활용하여 화산활동이 우리 생활에 어떠한 영향을 미치는지 이로운 점을 3가지만 쓰시오. [3점]

① _____
② _____
③ _____

(2) 위 **2**번 기사를 활용하여 화산활동이 우리 생활에 미치는 해로운 점을 3가지만 쓰시오. [3점]

① _____
② _____
③ _____

◉ **예시답안**

(1)
① 관광상품으로 개발하여 소득을 올릴 수 있다.
② 여행객들이 많아져서 새로운 일자리가 생길 수 있다.
③ 화산재의 영향으로 비옥한 농토를 얻을 수 있다.
④ 관광지로 개발하여 지역을 홍보할 수 있다. 등

(2)
① 산불이나 산사태 등이 일어나 재산 피해를 입을 수 있다.
② 화산재로 인해 사람과 동식물이 피해를 입을 수 있다.
③ 지진이 발생하여 재산 및 생명의 피해를 입을 수 있다. 등 화산으로 인한 피해를 쓴 경우 정답으로 인정.

◉ **채점기준**

문항	배점	채점기준
(1)	3	화산의 이로운 점을 3가지 모두 쓴 경우
	2	화산의 이로운 점을 2가지 모두 쓴 경우
	1	화산의 이로운 점을 1가지 모두 쓴 경우
	0	화산의 이로운 점을 쓰지 못한 경우
(2)	3	화산의 피해를 3가지 모두 쓴 경우
	2	화산의 피해를 2가지 모두 쓴 경우
	1	화산의 피해를 1가지 모두 쓴 경우
	0	화산의 피해를 쓰지 못한 경우

◉ **유의사항**

◇ 관광상품과 관광지를 혼합하여 쓰고, 다른 이로운 점을 제시한 경우 정답으로 인정함.

◇ 화산활동으로 생성된 암석으로 인한 피해를 기술한 것도 유사정답으로 처리함.

참고자료 2 - 출처?

서술형·논술형 평가 Q/A

Q1 서술형 평가와 논술형 평가는 어떻게 다른가요?

○ 서술형 평가와 논술형 평가는 다음과 같이 구별할 수 있습니다.

[서술형 평가란]

▷ 서술형 평가는 요약, 개념, 이해, 설명, 풀이 과정 등 사실을 바탕으로 기술하는 평가

[논술형 평가란]

▷ 논술형 평가는 자기의 의견, 주장을 논리적으로 기술하는 평가 (논술형 평가 안에서 서술형 평가 문항 배치도 가능)

○ 논술형 평가 안에 서술형을 포함할 수 있습니다.

서술형 평가와 논술형 평가는 평가 방법이나 내용에서 다소 차이가 있습니다. 그러나 학생들의 수준과 학년 발달 단계 등을 고려하여 초등학교에서는 논술형 평가 속에 서술형 문항을 배치할 수 있습니다. 그러므로 초등학교에서 '논술형 평가'라고 할 때 그 속에 '서술형 문항'의 형태도 포함할 수 있다는 것을 의미합니다.

Q2 논술형 평가를 강조하는 이유는 무엇인가요?

○ 학생들에게 '참된 학력'을 길러주어야 하기 때문입니다.

그동안 우리나라 평가 방법은 정해진 답을 찾는 선다형, 단답형 중심의 일제 고사(전체 학생이 같은 시험문항으로 치르는 시험)가 대부분이었습니다. 따라서 다음과 같은 문제점들이 지적되고 있습니다.

첫째, 학생들의 지식과 기능, 이해력은 높으나 고등정신능력(분석력, 비판력, 판단력, 종합력과 정의적 능력(호기심, 흥미 성취 욕구, 가치나 태도 등)이 낮

습니다. 둘째, 평가 내용이 국어, 영어, 수학 등의 주요 교과 지식으로 편중되어 있어 다양한 교과역량이나 교과 외의 역량에 대해서는 중요하고 의미 있게 평가하지 않았습니다. 셋째, 학력의 개념이 단순히 교과 성적을 의미하는 것으로 왜곡되어 있어 시험지로 평가할 수 없는 정의적 능력이나 학생마다 다른 방식으로 표현되는, 삶을 영위할 수 있는 역량의 평가는 등한시되고 있었습니다. 넷째, 평가의 목적이 분류나 서열화를 위한 것으로 제한되어 있었습니다.

이러한 평가 방법은 고도의 지식 정보화 시대에 살아갈 학생들에게는 적합하지 않습니다. 지식 정보화 사회에서는 기획력과 과정, 논리가 중시됩니다. 이를 위해서는 평가가 주어진 답을 찾는 것이 아니라, 더 깊고 넓은 자기 생각 만들기, 참된 학력 신장에 이바지할 수 있어야 한다는 점에서 논술형 평가가 확대되고 있습니다.

> [참된 학력이란]
> 단순한 지적 능력인 지식, 기능뿐만 아니라 고등정신능력인 분석력,
> 비판력, 판단력, 종합력과 정의적인 능력인 호기심, 성취 욕구,
> 도전의식, 책임, 태도 등을 포함하는 총체적 영역을 의미

Q3 논술형 평가는 왜 확대하나요?

○ 수업의 내용이 변화하고 있기 때문입니다.

학생들이 배우는 내용은 국가 수준의 교육과정을 바탕으로 학교와 학년, 교과의 특성은 물론 학생의 실태에 따라 학생들에게 가장 적합

하다고 기대되는 방향으로 교육내용을 재구성하고 있습니다.

경기도교육청에서는 학생들에게 지식을 주입하는 것이 아니라 지식을 탐구하는 방법을 배우게 하고, 인지적 능력에만 치중한 학습보다 정의적, 심동적 능력을 함께 기를 수 있는 수업을 하고 있습니다. 이렇게 수업의 내용이 달라지고 있으므로 평가 또한 함께 달라져야 하는 것입니다.

○ 수업의 방법이 바뀌고 있기 때문입니다.

경기도교육청은 학생들이 수업 안에서 교과 내용을 배우고 익혀 자기의 생각의 폭을 넓히는 배움 중심수업을 실천하고 있습니다. 따라서 학교에서는 교사-학생, 학생-교사 간의 협력을 통해 자기 생각을 만드는 수업, 비판적 사고력을 키우는 수업, 무엇을 가르쳤는가보다는 학생 입장에서 어떤 배움이 일어났는가가 중시되는 수업을 실천하기 위해 노력하고 있습니다. 배움이 활발한 수업을 하기 위해서 토론학습, 협동학습, 프로젝트 학습, 실험실습, 체험학습, 통합수업 등 다양한 수업의 방법이 적용되고 있습니다.

이렇게 수업의 방법이 달라지고 있으므로 평가 또한 함께 달라져야 하는 것입니다.

○ 학생의 배움에 대한 확인 방법(평가 방법)이 다양해지고 있기 때문입니다.

기존 선택형 문항 중심의 평가로는 교육 변화에 부응하고 다양한 학생 배움을 확인하는 데 한계가 있습니다. 더구나 학교에서 기르고자 하는 학력은 단순한 지적 능력인 지식, 기능뿐만 아니라 고등정신 능력인 분석력, 비판력, 판단력, 종합력과 정의적 능력인 호기심, 성취 욕구, 도전의식, 책임, 태도 등을 포함하는 총체적인 능력입니다.

경기도교육청은 학생의 참된 학력을 신장시키고자 그동안 요약, 개념, 이해, 설명, 풀이과정 등 사실을 바탕으로 기술하는 서술형 평가를 실행하였고 자기의 의견, 주장을 논리적으로 기술하는 논술형 평가를 더욱 강화하고 있습니다.

Q4 논술형 평가, 학생들에게 어렵지 않을까요?

○ 논술형 평가가 전혀 새로운 형태는 아닙니다.

초등학교에서의 논술형 평가는 기존의 논술능력평가나 대학입시논술처럼 문제와 답이 어렵거나 길어야 할 필요가 없습니다. 이제까지의 평가 방법은 배우거나 알고 있는 내용은 문제 속에서 고르는 선택형 문항이 많았다면 논술형 평가는 알고 있는 개념이나 원리를 자신이 이해한 언어로 써보는 것이고 거기에 가능하다면 자기 의견을 덧붙여 써보는 것이므로 서론, 본론, 결론 형식을 갖추거나 길어야 하거나 어려워야 할 이유가 없습니다. 단지 배운 내용을 서술형으로 답하거나, 논술형으로 진술을 해보는 것이라 생각하시면 됩니다.

Q5 논술형 평가를 위해 글쓰기 공부를 해야 하나요?

○ 논술형 평가는 글쓰기 능력에 대한 평가가 아닙니다.

교과의 특성이 각각 다르기 때문에 교과에 따른 논술형 평가의 형태도 서로 다릅니다. 국어나 도덕과의 논술형 평가가 수학이나 과학의 논술형 평가 형태가 같을 수는 없습니다.

또한 논술형 평가는 지필 평가에서 선생님들이 출제해서 관리 채점하는 평가로 시행할 수도 있지만, 수행평가의 수행 과정 안에서 다양한 글쓰기나 실험, 실습, 감상 평가로도 시행할 수 있습니다. 평가요소가 교과 교육과정에 근거하기 때문에 글쓰기 능력을 요구하는 것도 아닙니다. 또한 지필 평가든 수행평가든, 모두가 학교 수업 안에서 이루어집니다.

Q6 논술형 평가의 채점이 주관적이지 않을까요?

○ 논술형 평가에도 명확한 채점 근거가 있습니다.

선생님은 교육과정에 근거하여 학생들에게 꼭 필요한 평가요소를 선정하고 평가요소에 맞는 평가 문항을 출제합니다. 객관식 선택형 문항에 정답이 있듯이 논술형 평가에도 요구하는 답안이 있습니다.

다만, 논술형 평가는 선택형 평가에 비해 학생들의 반응이 더욱 다양할 가능성이 많기 때문에 문항 출제 시에 학생들의 예상되는 반응 등을 자세히 고려하여 정답, 인정답안, 부분 점수 부여 등의 조건을 상세히 계획하여 채점이 이루어집니다.

Q7 논술형 평가는 학교 교육만으로 충분한가요?

○ 논술형 평가를 포함하여 학교에서 이루어지는 학생에 대한 교과 학습의 평가는 평소 학교에서 가르친 내용과 기능에 대하여 학생 개

개인의 교과별 성취 기준·성취 수준에 따른 성취도와 학습 수행과정을 평가하도록 지침으로 정해두고 있습니다.

○ 논술형 평가라고 해서 학생들이 전문적인 지식을 가져야만 답을 쓸 수 있는 문항이 출제되는 것이 아닌, 학생들이 수업시간에 배운 내용을 문장으로 쓸 수 있도록 출제되고 있습니다. 그러므로 논술형 평가만을 위해 별도의 교육을 받을 필요는 없다고 생각됩니다.

Q8 초등학교 저학년도 논술형 평가가 가능한가요?

○ 가능합니다.

서술형·논술형 평가는 학생들이 학습한 내용을 중심으로 자기 생각을 만들어 가도록 하는 평가입니다. 평가 문항은 학년 수준에서 쓸 수 있는 내용이 출제되기 때문에 저학년에도 충분히 적용 가능합니다. 저학년 단계에서부터 자기 생각 만들기를 하고 자기의 생각을 표현하는 기회를 많이 주는 것은 학생의 창의적 사고력 발달에 도움이 될 것입니다. 또한 초등학교 단계에서는 평가 목적과 평가 내용, 학생의 학년 발달 단계에 따라 짧은 서술형의 형태까지도 논술형 속에 포함하도록 하고 있으므로 저학년 단계에서도 충분히 가능합니다.

Q9 가정에서는 학생을 어떻게 도와주어야 하나요?

○ 다양한 경험을 쌓고, 자기 생각 말하게 하는 것이 중요합니다.

논술형 평가는 주어진 답을 찾는 것이 아니라, 보다 깊고 넓은 자기 생각 만들기를 강조하고 있습니다. 자기 생각을 만들기 위해서는 학생의 잠재적 학습력을 무한히 넓혀주는 독서 활동, 자기의 생각을 간단히 글로 써 보는 활동(예 : 일기 쓰기, 독서 기록 등)이 도움이 될 것입니다. 가족과 친구들 간의 폭넓은 대화, 학교에서 수업 시간에 교사와 학생, 학생과 학생 간의 의사소통활동 등이 중요합니다.

○ 학생을 격려해 주어야 합니다.

간혹 학업 성취수준이 높았던 학생이 논술형 평가에서는 평소보다 기대에 못 미치는 결과가 나타나기도 합니다. 이는 새로운 형태에 대한 생소함, 자기 생각을 글로 표현하는 데 익숙하지 않아서 나타나는 일시적인 현상일 수도 있습니다.

어떤 경우든 학생의 장점을 찾아 격려해 주는 것이 가장 중요합니다. 논술형 평가는 학생의 창의적 사고력을 향상시키고, 학생의 성장을 촉진하기 위한 평가가 학생들에게 새로운 부담이 되지 않도록 격려해 주는 것이 중요합니다.

Q10 교사별 평가란 무엇인가요?

○ 교사별 평가의 의미는 아래와 같습니다.

교사별 평가는 수업을 담당한 교사가 자신이 지도한 내용에 따라 자신이 담당한 학급을 자신이 출제한 문항으로 평가하는 것을 의미합니다.

○ 교사별 평가는 다음과 같은 이유로 실시합니다.

경기도교육청에서는 창의적인 인재를 기르기 위하여 국가 수준의 교육과정과 경기도 교육과정을 바탕으로 학급별로 교육내용을 재구성하여 배움 중심수업을 실천하고 있습니다.

학급별로 교육내용이 재구성되므로 같은 교과서로 공부하더라도 학급에 따라 배우는 시기와 배우는 방법이 달라질 수 있습니다.

배우는 시기와 배우는 방법, 학생들이 참여하는 수업 내용 등이 달라진다면 당연히 학생들에 대한 평가도 달라져야 할 것입니다.

○ 교사별 평가에서는 학급별로 평가 시기와 방법이 다를 수 있습니다.

학생에 대한 평가는 국가 수준에서 제시하고 있는 교과별 성취기준과 경기도교육청에서 추구하고 있는 교과별 목표에 따라 학생평가기준을 정하게 되므로 큰 틀에서는 학생들이 도달해야 하는 목표에 대한 기준은 학년별, 교과별로 크게 다르지는 않습니다. 다만, 학급별로 교육내용을 재구성하고, 수업에 사용되는 자료 등이 달라질 수 있기 때문에 결과적으로 학급별로 평가 시기 평가 방법과 등이 달라질 수 있습니다.

서술형·논술형 시험 이렇게 준비한다

국어 서술형·논술형 시험 전략

이 장에서는 서술형·논술형 시험을 잘 보기 위한 과목별 시험 전략에 대해서 살펴보도록 한다.

예전의 국어 시험은 단순히 '읽기 능력'만을 측정하고 평가하였다면 최근의 국어 서술형·논술형 시험은 '읽기 능력'은 물론 '쓰기 능력'까지도 평가의 대상으로 삼는다. 따라서 국어 서술형·논술형 시험을 잘 보기 위해서는 글의 주제, 어휘력, 요약과 분석능력, 배경지식을 바탕으로 한 자기 생각을 표현할 수 있어야 한다. 국어 서술형·논술형 평가에 대비하려면 반드시 학습 목표가 무엇인가를 인지하고

이에 맞게 읽도록 코칭해야 한다. 특히, 시나 소설과 같은 문학작품을 읽을 때는 작가가 전달하고자 하는 의미가 무엇인지를 비유적인 표현과 등장인물의 말이나 행동 등을 통해 생각하면서 읽을 필요가 있다. 그리고 작품을 읽고 난 후 작가의 생각과 자기 생각을 비교하며 메모하면서 읽도록 한다.

서술형·논술형 시험 전략 Tip – 국어

각 단원의 '학습 목표'를 중심으로 공부한다.
1. 다음에 어떤 이야기가 나올지 미리 생각하며 읽는다.
2. '만약에', '그와 반대로 이야기가 전개되면 어떻게 될까?' 등을 상상해 본다.
3. 책 속에 나오는 그림이나 삽화를 보고 알맞은 제목을 정해 본다.
4. 책을 다 읽고 난 후에는 등장인물들이 어떻게 되었을까 상상해 본다.
5. 이글이 말하고자 하는 바와 교훈을 생각해 본다.
6. 모르는 어휘는 밑줄을 그어보고 문맥 속에서 의미를 파악해 보도록 한다.
7. 교과서의 여백이나 메모지에 내용을 요약해 본다.
8. 교과서를 읽고 자기 생각이나 느낌을 여백에 적어 본다.

수학 서술형 · 논술형 시험 전략

수학 서술형 시험은 기존의 평가방식과 크게 달라지는 것은 없다고 할 수 있다. 문제 유형이 달라진 것이 아니라 답을 하는 방식이 달라졌기 때문이다. 기존의 방식이 골라잡기와 단답식의 결과만을 요구했다면 서술형 시험은 풀이과정까지 요구하는 평가방식이다. 그러나 기존의 골라잡기 평가방식은 중간에 실수하면 오답이 되지만, 서술형 평가는 풀이 과정을 평가하므로 중간에 실수하더라도 부분점수를 받을 수 있다.

수학 서술형 · 논술형 평가를 잘 보기 위해서는 각 단원의 학습 목표를 반드시 확인하도록 한다. 아이들에게 단원의 학습 목표에 해당하는 개념을 물으면 제대로 답을 하지 못한다. 문제풀이에만 급급한 나머지 가장 기본이 되는 개념을 익히지 못했기 때문이다. 이러한 이유로 많은 시간과 비용을 들여 수학 선행학습을 하여도 학년이 올라갈수록 학생들의 수학성적과 흥미는 현저히 낮아지고 있다.

단원의 개념을 읽고 개념과 관련된 기본적인 문제를 풀면서 수학적인 개념을 정확히 익힌 후에 심화된 문제를 풀면서 수학적인 사고력을 확장하도록 코칭한다. 문제를 풀 때는 반드시 직접 손으로 쓰면서 계산을 하도록 한다. 그리고 학생이 코치에게 단원의 개념과 문제풀이를 직접 설명해 보게 한다. 이러한 과정을 통해 단원의 개념과 문제풀이에 자신감이 생기면 학생 스스로 이와 유사한 문제를 내서 풀어 보도록 한다.

서술형·논술형 시험 전략 Tip - 수학

각 단원의 '학습 목표'를 중심으로 공부한다.

1. 어떤 문제든 손으로 직접 써 가면서 계산해야 한다. 손을 움직이면서 계산을 하면 그만큼 머릿속에 오랫동안 기억된다.

2. 도형 문제를 풀 때는 도형이나 그래프 없이 답을 쓸 수 있는 경우라도 꼭 도형이나 그래프를 그려본다. 도형 문제를 잘 풀려면 도형을 자꾸 그려 봐야 한다.

3. 암산으로 답을 찾을 수 있는 경우라도 계산 과정을 일일이 다 써 본다.

4. 문제를 표나 그래프 그림으로 표현해 보는 연습을 한다.

5. 문제의 조건을 바꾸거나 비슷한 문제를 스스로 만들어서 풀어 본다.

영어 서술형·논술형 시험 전략

교육과정 개편에 따르면 영어교육의 핵심은 '의사소통능력' 신장과 '실용영어'를 구사하는 데 있다. 현재 학교에서 시험에 출제되고 있는 서술형·논술형 평가 문항을 파악해 본 결과, 서술형·논술형 평가에 대비하려면 교과서를 기본으로 읽기와 듣기를 하고, 여기서 습득한 지식과 정보를 바탕으로 말하기, 쓰기 문제의 유형에 맞춰 내용을 구성할 수 있도록 훈련하는 학습전략이 필요하다.

이러한 학습 전략을 수행하기 위해서는 다음의 3가지를 참고하여 학습을 설계하는 것이 중요하다. 첫째, 교과서를 기본으로 학습하며 실생활 중심의 말하기 듣기에 대한 정확한 이해와 관련 어휘를 습득한다. 둘째, 본인의 견해를 뒷받침할 근거와 이유를 갖춰 글을 쓰는 훈련을 반복함으로써 자신의 글이 논리적으로 설득력을 가질 수 있도록 한다. 평소에 영어로 간단한 문장을 활용하여 일기를 써보는 훈련을 하는 방법도 도움이 된다. 과도한 선행학습이나 사교육보다는 해당 학년의 교과 과정에 맞는 읽기, 말하기, 쓰기 학습으로 영어 교과의 흥미를 느낄 수 있도록 코칭하는 것이 바람직하다. 셋째, 말하기 쓰기의 실질적 의사표현 능력을 길러야 한다. 특히, 논술형 평가는 정해진 답을 요구하기보다는 학생에게 자율적으로 문제를 이해하고, 창의적으로 답을 쓰도록 하므로 벼락치기식 학습이 더는 통하지 않는다. 평소 본인 스스로 공부하고 정리하는 식의 자기주도적 학습능력과 교과 과정에 충실한 기본적인 영어 학습을 실천하도록 한다.

서술형·논술형 시험 전략 Tip – 영어

각 단원의 '학습 목표'를 중심으로 공부한다.

1. 영어를 잘하기 위해서는 국어를 잘해야 한다. 폭넓은 책 읽기를 통해 '배경지식'을 습득한다.

2. 교과서에 나오는 단어는 반드시 암기한다.

3. 각 단원의 문법을 이해하고 문장 만들기를 활용해 본다.

4. 영어뿐 아니라 평소에 문제 해결 능력 및 논리적이고 체계적인 사고를 하도록 한다.

5. 평소 일기 쓰기 독후감 쓰기 등 다양한 유형으로 영어 글쓰기 훈

련을 한다.

사회 서술형·논술형 시험 전략

사회서술형 시험에서는 글, 그림, 사진, 도표, 그래프 등의 자료가 주어지고 이를 근거로 문제를 풀도록 한다. 그러므로 서술형 시험을 잘 보기 위해서는 자료를 분석하고 해석하는 능력이 필요하다. 또한 최근의 사회 서술형 시험에서는 사회의 이슈나 시사적인 문제가 나오므로 평소에 신문이나 뉴스에 관심을 가질 필요가 있다. 사회 서술형·논술형 시험도 다른 과목과 마찬가지로 우선 단원의 학습 목표를 읽고 이 단원이 어떻게 전개될 것인지를 살펴보아야 한다. 사회 교과는 제목과 소제목에 그 단원의 핵심이 잘 드러나 있다.

사회 과목은 우리가 사는 생활환경과 사회현상을 배우는 과목이다. 내가 사는 지역 환경과 사회 문제 등에 관심을 갖고 직접 또는 간접적인 경험을 할 수 있도록 한다.

사회 교과서는 단원의 말미에 학습 목표에 해당하는 부분을 단원정리로 잘 설명해 두었다. 반드시 단원정리를 읽고 자신의 말로 풀어 설명하고 글로 써 보게 한다. 그리고 교과서를 읽으면서 모르는 어휘들을 익히고 자신의 말로 설명할 수 있도록 코칭한다.

서술형·논술형 시험 전략 Tip – 사회

각 단원의 '학습 목표'를 중심으로 공부한다.

1. 단원의 제목과 소제목을 통해 핵심내용을 파악하고 정리한다.
2. 사회는 단순한 암기과목이 아니므로 사회 현상에 대해 관심을 갖고 이해하도록 한다.
3. 생활 속에서 일어나는 현상과 문제에 대해 관심을 갖고 자기 생각을 표현해 본다.
4. 교과서에 실린 자료들을 꼼꼼히 살펴보고 의미를 파악해 본다.
5. 단원 정리 학습 부분을 읽어 보고 자신의 언어로 다시 표현해 본다.

과학 서술형·논술형 시험 전략

모 대학교 시험에서 "계절은 왜 바뀌는지 과학적으로 답해 보시오."라는 문제가 나왔다. 그런데 뜻밖에도 많은 대학생들이 제대로 된 답을 작성하지 못했다고 한다. 학생들이 과학적인 원리에 대해 스스로 생각해 보지 않고, 선생님이 가르치는 내용을 무조건 외우기만 했기 때문이다. 과학서술형 시험은 자연현상을 탐구 대상으로 삼는다는 측면에서 사회 현상을 탐구하는 사회 과목과 비슷한 성격을 갖는다. 과학 서술형 시험을 잘 보기 위해서는 평소에 자연현상과 일상생활 속에서 과학적 호기심을 가지고 탐구하는 습관을 가져야 한다.

과학과목 역시 학습 목표를 읽고 학습 목표에 따라 과학적인 개념을 익혀야 한다. 과학과목의 교과 과정은 초등학교부터 고등학교까지 잘 연계되어 있다. 학년이 올라가면서 이미 익힌 과학적인 개념들이 좀 더 구체화함과 동시에 확장된다. 과학적인 개념을 각 학년의 언어로 표현하고 정리할 수 있어야 하는데 각 학년의 언어라 함은 해당 학년의 교과서에서 설명하는 개념을 말한다. 따라서 과학 교과서를 읽고 난 후 자신의 언어로 표현할 수 있어야 하며 서술형·논술형 시험을 잘 보기 위해서는 해당 학년의 교과서에 나온 핵심어를 바탕으로 서술 또는 논술할 수 있어야 한다.

서술형·논술형 시험 전략 Tip – 과학

각 단원의 '학습 목표'를 중심으로 공부한다.
1. 실험 과정이나 결과를 문장으로 써 본다.
2. 실험 과정이나 결과를 실생활과 연관해 생각해 본다.
3. 객관적이고 명확한 답을 쓰는 습관을 들인다.
4. 중요한 내용을 요약하고 정리해 두는 습관을 기른다.

서술형·논술형 시험에 강해지는 노트 정리 Tip

1. 선생님의 말씀을 그대로 노트에 옮기려고 하지 말고, 이해하면서 노트 정리를 한다.
2. 지금 배우는 내용이 어떤 의미인지, 앞에서 배운 것과 어떤 관계가 있는지를 생각하면서 쓴다.
3. 모르는 것이 있으면 반드시 표시해 둔다.
4. 핵심 내용과 관련이 없는 것은 생략하고 중요한 내용만 골라서

쓴다.

5. 수업이 끝난 후에 다시 한 번 노트를 정리한다. 이때 불완전한 문장은 완전한 문장으로 고쳐 쓴다.

6. 노트 정리는 반드시 주기별로 여러 번 반복해서 읽어본다.

7. 노트 정리는 암기하도록 한다.

서술형·논술형 시험에 강한 아이 만들기

최근의 교육은 학생들에게 지식을 주입하지 않고 지식을 탐구하는 방법을 배우게 한다. 또 인지적 능력에만 치중한 학습보다는 정의적, 심동적 능력을 함께 기를 수 있도록 교육과정을 구성하고 있다. 학생들은 교과 과정 학습을 통해 창의성과 문제 해결 능력, 사회적 실천 능력을 습득해야 한다. 학교에서 기르고자 하는 학력도 단순한 지적 능력인 지식, 기능뿐만 아니라 고등정신능력인 분석력, 비판력, 판단력, 종합력과 정의적 능력인 호기심, 성취 욕구, 도전의식, 책임, 태도 등을 포함하는 총체적인 능력이다.

그러나 기존의 선택형 문항 중심의 평가로는 교육 변화에 부응하고 학생의 배움을 다양한 관점에서 확인하는 데 한계가 있었다. 그래서 학생들을 평가하는 방식을 기존의 선택형 문항 중심의 평가에서 창의적 사고력을 바탕으로 자기 생각을 표현할 수 있는지를 평가하는 방식인 서술형·논술형 평가로 점점 확대해 나가고 있다.

서술형·논술형 시험을 잘 보기 위해서는 새로운 평가 방식에 익숙해져야 한다. 평가 방식에 익숙해져야 한다는 말은 기출문제나 문제집을 반복해서 풀이하라는 것이 아니다. 서술형·논술형 문제가 측정하고자 하는 의도를 잘 파악해야 한다는 뜻이다.

이 장에서는 서술형·논술형 시험에 강한 아이를 만들기 위한 전략을 살펴보도록 하자.

첫째, 호기심과 탐구심을 가지고 교과서를 읽게 하자.

많은 학생들이 게임을 할 때나 좋아하는 드라마를 볼 때, '상황이 어떻게 전개될까?', '앞으로 위기 상황을 어떻게 극복할까?'를 추측하거나 예측하며 그것에 몰두한다. 교과서를 읽을 때도 게임을 하거나 드라마를 볼 때처럼 '이러한 현상이 왜 일어날까?', '앞으로 내용이 어떻게 전개될까?' 생각하며, 호기심과 탐구심을 가지고 읽어나가는 습관을 갖도록 하자. 이러한 사고의 과정에서 자연스럽게 사고력과 문제 해결능력이 키워진다.

둘째, 평소에 옳고 그름을 꼬치꼬치 따지는 습관을 길러주자.

기존의 선택형 문항 중심의 평가 방식으로 시험을 볼 때는 복잡하게 생각할 필요 없이 교과 선생님께서 알려주시는 부분만 암기하고 그중에서 답을 찾아내기만 하면 되었다. 그러나 서술형·논술형 평가에서는 학생의 비판적인 사고력을 평가하기 위한 문제를 출제한다.

따라서 서술형·논술형 시험을 잘 보기 위해서는 평소에 어떤 현상이나 문제를 대할 때 무작정 받아들이는 것이 아니라 비판적인 시각을 가져야 한다. 그리고 교과서나 책을 읽을 때도 무작정 그 내용을 받아들이지 말고 옳고 그름을 나름대로 꼼꼼히 따져 읽는 습관을 가질수 있도록 해주자.

셋째, 선택하는 습관을 길러주자.

서술형·논술형 평가에 강해지려면 스스로 판단할 수 있는 능력을 키워야 한다. 서술형·논술형 평가에서는 '왜 이러한 현상이 일어났는가?', '만약에 이러한 현상이 일어나지 않았다면?'과 같이 어떤 현상이나 문제를 판단, 선택한 후 그렇게 선택하게 된 이유를 묻는 문제를 출제한다. 이러한 문제를 잘 풀기 위해서는 평소에 생활 속에서 어떤 상황이나 문제 해결을 판단하고 선택한 후에 그 선택이 옳았는지를 다시 한 번 더 생각해 보는 습관을 길러야 한다. 이러한 과정을 반복하다 보면 점차적으로 판단 능력과 분석능력이 길러진다.

넷째, 원인과 결과를 생각해 보는 습관을 길러주자.

서술형·논술형 평가에 강해지려면 논리적으로 생각하는 능력을 키워야 한다. 논리적으로 생각하는 능력을 키우기 위해서는 평소 눈에 보이는 모든 현상을 바라볼 때 원인과 결과를 따져본다. 교과서나 책을 읽고 문제를 풀 때도 원인과 결과를 염두에 두고 문제를 해결해 나간다면 서술형·논술형 평가에 대비한 논리적인 사고능력이 자라게 될 것이다.

다섯째, 메모하는 습관을 기르자.

서술형·논술형 평가는 논리적 비판적 사고를 바탕으로 자기 생각을 글로 표현하고 이를 평가하는 방식이다. 글쓰기는 하루아침에 이루어지지 않는다. 처음부터 완벽한 쓰기를 바라기보다는 평소 자기 생각을 메모하는 습관을 갖도록 한다. 수첩, 다이어리, 연습장에 자신의 느낌이나 생각을 자유롭게 적어가다 보면 자연스럽게 쓰기 실력이 자라게 된다. 새롭게 바뀐 교과 과정에 맞게 국어에서도 다양한 쓰기 형식을 도입하였다. 서술형·논술형 평가에서 좋은 성적을 얻고 싶다면 논술학원에 보낼 것이 아니라 평소에 생각이나 느낌을 자유롭게 표현할 수 있도록 지도해야 한다.

교과 과정에서는 학생들의 학력을 신장시키고자 요약, 개념, 이해, 설명, 풀이과정 등 사실을 바탕으로 기술하는 서술형 평가를 지속적으로 확대하였고, 자기의 의견, 주장을 논리적으로 기술하는 논술형 평가 또한 점진적으로 확대해 나가고 있다. 따라서 교육과정을 근거로 수업과 연계하여 학생들이 배운 것을 자기언어로 재진술해야 하는데 이때 주의해야 할 사항은 '해당 학년의 언어'로 표현할 수 있어야 한다는 점이다. '해당 학년의 언어'라 함은 앞서 과목별 서술형·논술형 전략에서 설명한 바와 같이 해당 학년의 교과서에서 명시한 어휘(핵심어)를 바탕으로 서술해야 한다는 의미이다. 아울러 서술형·논술형 평가에서 좋은 점수를 얻도록 평소 생활 속에서 자기 생각을 말이나 글로 표현하여 비판적, 창의적 사고력을 키우고 문제 해결능력을 키워나갈 수 있도록 해야 한다.

서술형·논술형 시험에 강해지기 위한 3단계 공부법 Tip

1. 교과서를 읽고 원리, 상황, 문제점을 이해하려고 노력해 본다.
2. 호기심을 가지고 스스로 생각하고 탐구하며 공부해 본다.
3. 공부한 내용에 대해서 반드시 내 생각을 문장으로 정리해 본다.

PART
4

당신 아이를 천재로 만드는 리터러시(Literacy) 코칭

1장

세상을 읽는 힘, 리터러시코칭

창의적 인재의
기본적인 소양,
리터러시

21세기는 창의적인 인재를 요구한다. '창의적이다'라고 하면 무조건 새롭고 특이한 것이라고 생각하는 사람들이 많을 것이다. 하지만 '창의'라는 것은 주어진 상황에 대한 정확한 판단을 통해 새로운 아이디어를 내는 것을 의미한다. 즉, 현재의 학습된 것이 밑바탕에 있어야 한다는 말이다. 다시 말해서 현재 가지고 있는 전문성을 다른 시각으로 볼 수 있는 능력을 가지고 있는 인재가 창의적 인재라고 할 수 있다.

리터러시(Literacy)의 뜻을 단순히 풀이하자면, 문자를 읽고 해석하는 능력을 말한다. 문학이라는 뜻의 'Literature'와 동일한 어원에서 출발하였으나 시간이 지나면서 문학은 문자로 쓰인 책들을 의미하게 되었고, 리터러시는 문헌을 읽고 쓰는 능력을 포함하는 말이 되었다. 최근에는 단순히 글자를 읽고 쓰는 능력을 넘어서, 그 글의 내용을 이해하고 분석하여 자기만의 생각으로 써내는 능력을 리터러시 능력이라고 말한다. 즉, 창의적 인재의 기본적인 소양이 리터러시 능력인 것이다.

리터러시코칭은 미국에서 먼저 시작되었다. 다양한 민족과 문화가 공존하는 미국에서 영어를 읽고 쓰는 능력이 사회진출에 이익을 주며 주류에 편승할 수 있었기 때문에 미국의 공교육에서는 영어를 읽고 쓰는 기초학습능력을 키우는 데 관심이 많았다.

미국식 러터러시 코칭의 성공적인 예로 오바마 대통령을 들 수 있다. 다문화, 다인종, 다언어 가정의 상징인 그가 미국의 대통령이 될 수 있었던 이유는 학습부진아를 그대로 방치하지 않고 미국 표준에 이르도록 코칭하고 더 나아가 다양한 분야의 리더로 활동할 수 있도록 돕는 리터러시코칭이 있었기 때문이다.

미국에서는 기초학습능력이 떨어지는 학생들을 위해 미국 연방 정부나 주 정부가 책 읽기 프로그램을 지원한다. 각 학교 차원에서 리터러시 프로그램을 설계하고 교육 자료를 만들 수 있도록 정부가 적극적으로 나서고 있다.

학습부진의 문제를 각 개인의 문제로 돌리고 개별적으로 사교육을 통해서 해결해야 하는 우리나라와는 대조적인 모습이다. 이제 우리나라도 다문화 가족이 늘어나는 추세이다. 우리나라의 글을 제대로 읽고 쓰며, 우리나라의 미래를 짊어질 리더로 키우기 위해 적극적인 리터러시 교육이 필요한 시점이라고 생각된다.

최근 초등학교 교육과정의 변화 핵심은 읽고, 쓰고, 토론하기라고 해도 과언이 아니다.

2009년 개정교육과정을 보면 초등학교 수업이 하나의 주제를 가지고 통합적으로 교육받는 주제통합교육을 시행하고 있다. 주제 통합교육은 교과 간의 경계를 허물고 연계를 강조하는 교육이다. 따라서 하나의 지식을 습득하는 것에 그치지 않고 그것들을 연결하고 통합적으로 이해하는 능력을 학습자에게 요구하고 있다. 융합형 교육의 형태로 변화하고 있는 것이다.

공교육에서의 평가도 단순히 단답형 평가나 객관식 평가가 아닌 서술형·논술형 평가가 주를 이룬다. 뿐만 아니라 상급학교에 진학할 때 자기소개서를 작성하거나 자기계발 계획서 등을 작성하여 자기의 생각이나 가치를 글로 표현하는 방식으로 능력을 평가받고 있는 것이 현실이다. 그렇기 때문에 정보가 넘쳐나고 있는 현대사회에서 자기에게 필요한 정보를 찾아내고, 그것들을 나만의 정보로 재생산해 내는 능력이 필요하게 되었다. 평생 학습의 시대에 맞는 자기주도적인 학습능력이 필요한 요즈음 자신의 학습 내용을 정리하는 기능인 리터러시 능력은 변화하는 미래 인재상에 있어서 반드시 필요한 자질인 것이다.

글 쓰는 연습을
즐겁게 하는
3가지 방법

요즘 아이들은 글자를 쓰는 일을 매우 어려워한다. 컴퓨터 자판에 익숙한 세대라서 그럴 것이다. 그런데 글자를 쓰는 것보다 더 어려워하는 것이 바로 글쓰기다. 자기의 생각을 조리 있게 글로 표현하는 일을 어렵고 부담스럽게 여긴다.

코칭 중에 책 읽는 것의 소중함을 이야기하고 책 읽기가 싫은 이유에 대해 물으니 몇몇 아이들이 독서록 이야기를 꺼냈다. 책을 읽으면 반드시 글로 남겨야 한다는 강제 조항이 아이들에게 독서조차 학습 부담으로 받아들이게 한 것은 아닌지 반성하게 된다. 항아리에 넘치도록 물을 담으려면 꾸준히 물을 부어야 한다. 물이 항아리에 꽉 차야만 비로소 흘러넘치는 것이다. 우리는 채우기도 전에 넘치기를 기대하고 있는 것은 아닌지 생각해 볼 일이다.

글로 생각을 표현하는 것은 매우 중요하다.

최근에는 상급학교에 진학할 때 학업계획서나 자기소개서를 제출해야 하는 경우가 많다. 또한 새로운 직장에 들어가기 위해서도 자기소개서는 필수 사항이다. 무엇보다도 먼저 본인을 글로 표현해야 하는 것이다. 그뿐만이 아니다. 사회에 진출하여 직장생활을 할 때 유능함을 평가받는 척도는 회의 시간에 멋지게 발언하는 일이 아닌, 한 장의 기획서. 유능함과 무능함이 종이 한 장으로 판단되는 것이다.

비행기 한 대를 만들더라도, 한 사람이 비행기를 만드는 데 필요한 모든 과학적 지식과 기술, 재료 사용에 관한 문제를 혼자서 해결할 수는 없다. 먼저 연구했던 사람들은 죽게 되지만 그들이 연구 결과와 성과는 기록으로 남는다. 라이트 형제가 여기에 자기의 생각과 지혜를 보태 드디어 최초의 비행기를 만들어 내고, 거기에 계속적인 지식과 기술이 쌓여 지금의 비행기가 탄생할 수 있었던 것이다. 만약 글이 없었다면 그때의 값지고 훌륭한 생각은 그 사람들이 죽은 것으로 그만이었을지도 모른다. 다행히 과거의 유산이 추가되고 합해져 지금의 문명과 문화를 만들어 낸 것이다. 따라서 우리 조상들이 쌓아 놓은 지식과 기술, 문화를 공부하고 우리가 이룩하는 문화유산을 후손들에게 물려주기 위해서도 글쓰기는 필요하다. 단순히 정보를 얻는 것에서 그치지 않고 나에게 필요한 정보를 지식으로 변화시키거나, 내 생각을 다른 사람에게 잘 전달하기 위해서도 글쓰기 공부가 꼭 필요한 것이다.

글 쓰는 연습을 즐겁게 하기 위해서 다음과 같은 방법을 활용해 보면 좋을 것이다.

첫째, 지금 여기에서 즐거웠던 일을 쓰도록 지도하자.
아이들의 일기를 살펴보면, "오늘은~"으로 시작하는 경우가 많다. 일기 쓰기를 지도할 때 잠자기 전에 오늘 하루를 정리하고 반성하는 의미일 테지만, 매일 반복되는 일상을 글로 표현하는 것이 그다지 즐겁지는 않을 것이다. 또한 잠들기 전에 반성해야 한다는 압박감이 있기 때문에 아이들은 긍정적인 마음으로 일기 쓰는 것이 힘들 수도 있다. 하루 중 어느 때라도 지금 느끼는 즐거운 생각을 글로 표현하도록 돕자.

둘째, 주제 일기 쓰기를 시도해 보자.
일기 쓰기만큼 글쓰기 실력을 키우는데 좋은 교육은 없을 것이다. 필자의 부모는 고학력의 세련된 부모가 아니었음에도 일기 쓰는 일을 강조하셨다. 초등학교 시절, 매일 일기를 쓰도록 가르치셨고, 수시로 검사하여 일기를 쓰지 않은 날에는 호되게 야단을 치셨던 기억이 있다. 그 당시에는 야속하고 힘들었지만, 지금 생각해 보면 내가 글을 쓰는 것을 즐거워하게 된 이유가 초등학교 시절 일기 쓰는 일 때문이 아니었나 생각한다.
처음 일기를 쓰는 아이들에게 주제를 정해 주는 것은 좋은 방법 중 하나이다. '선생님', '짝꿍', '봄꽃' 등 일상에서 일어나는 일들을 주제로 정해주고 그 주제에 대해 쓰도록 격려해 주자. 처음에는 너무 길게 쓰지 않도록 하고, 한 두줄이라도 본인의 생각을 적으면 칭찬과 격려를 통해 쓰는 것이 즐거워지게 만들어 주자.

글쓰기가 익숙해지면 아이에게 주제를 정하게 한다. 글 쓰는 것이 더 이상 의무감이 아닌 즐거운 활동이라는 생각을 갖도록 도와주자.

셋째, 학습일기를 적도록 격려하자.

매일 주제일기를 쓰는 것이 익숙해 졌다면, 일주일에 한 번 학습일기를 써보도록 지도한다. 예를 들어서, 오늘 학교에서 배운 내용 중에 기억에 남는 것을 주제로 적어보게 한다. '분수의 혼합계산'이라던가, '경도와 위도' 등 교과서 안에서 배운 내용을 적어 본다면 좀 더 효율적인 글쓰기 훈련이 될 것이다.

가끔 전문가를 통해 글쓰기 지도를 받는 경우도 있는데, 무조건 전문가의 지도를 받는 것보다는 본인의 생각을 자유롭게 적어보는 기쁨을 누리게 해 주는 것이 먼저이다. 그리고 자기 생각을 글로 표현하는 것이 자유로워진 이후에 좀 더 설득력 있게 자기 생각을 글로 표현하는 방법을 전문적으로 배우는 것이 효과적이라고 생각한다. 가장 좋은 글은 좋은 기교나 전문적인 방법 보다는 글쓴이의 진심이 들어 있는 글이기 때문이다.

리터러시코칭은 읽기와 더불어 쓰기를 코칭하는 영역이다. 읽고 쓰는 힘은 다양한 인재상을 요구하는 다음 시대를 살아가기 위한 가장 기초적인 능력에 해당한다. 그러므로 읽기 학습코칭과 리터러시코칭은 여러 의미에서 비슷한 영역이라고 할 수 있다. 우리가 이 책에서 이야기하고 있는 읽기 학습코칭은 학습 상황에서 문자를 해독할 때 단순히 글자를 읽어내는 능력이 아닌, 맥락상의 의미를 파악하고 전체 내용을 이해하도록 코칭하는 것이며 또한 신문이나 광고 혹은 세상을 읽는 방법을 통해서 통합적으로 세상을 바라보는 방법을 알려주는 통합형 학습코칭이기 때문이다.

앞으로 독자들은 교육과 관련하여 '리터러시'라는 단어를 자주 접하게 될 것이다. 이 책을 쓴 필자들은 이 책을 통해 우리나라 상황에 맞는 리터러시 교육인 읽기 학습코칭을 모두에게 알려서 이러한 영역이 교육 현장에서 효과적으로 활용되어, 읽고 쓰는 본래의 즐거움을 찾아 주는 일에 이바지하기를 희망한다.

미디어로
표현하고 소통하는
미디어 리터러시 코칭

미디어 리터러시란 미디어를 사용하고 해석하기 위한 다양한 능력을 말한다. 다시 말하면 미디어를 통해 제공되는 정보를 제대로 이해하고 해석하여 본인에게 필요한 자료로 만들어 내는 것을 의미한다. 미디어 리터러시 교육에 앞장서고 있는 영국에서는 미디어 리터러시를 '다양한 매체의 맥락 안에서 미디어에 접근(Access)하고, 미디어를 이해(Understand)하며, 창의적인 제작(Create)을 할 수 있는 능력'이라고 정의하고 있다.

　미디어를 통해서 다양한 정보를 받아들이고 세상과 소통하는 청소년들에게 단순히 좋은 미디어와 나쁜 미디어를 구별하는 활동만을 교육하는 것이 아니라 매체들을 활용하여 세상을 이해하며, 나아가 자기 생각과 가치를 글이 아닌 미디어로 표현하고 소통하는 능력을 키우도록 하는 것이 '미디어 리터러시코칭'이다.

그렇다면 미디어 리터러시 능력을 키워야 하는 이유는 무엇일까? 어른들에게 스마트 폰은 통화하는 도구일 뿐이지만 아이들에게는 없어서는 안 되는 분신 같은 존재다. 우리가 생명을 유지하기 위해서는 반드시 호흡을 해야 하는 것처럼, 요즈음 아이들은 숨 쉬듯이 스마트폰을 만지고 논다. 코칭에서 만난 피코치들에게 휴식시간이나 여가생활로 무엇을 하는지 물으면 대부분 '스마트폰 하기'라고 대답한다. 아이들에게 스마트폰은 없어서는 안 되는 존재가 되어 버린 것이다. 그러니 예절과 에티켓을 이유로 그들의 부모님과 선생님들이 스마트폰을 압수하는 것을 아이들은 쉽게 납득하지 못한다. 중독에 대한 염려 어린 조언도 아이들에겐 잔소리로 여겨지기만 하는 것이다.

아이들을 만나서 이야기를 나누다 보면, 내가 알지 못하는 다양한 언어를 사용하는 것을 볼 수 있다. 학교에서 글을 써도 축약어나 생략어로 쓰거나 이모티콘으로 자기 생각을 전달하기도 한다. 인터넷이라는 '매체'에서 이모티콘은 약속이고 그들만의 언어인 것이다.

초등학교 5~6학년 정도만 되어도 미디어를 경험하고 이용하는 수준이 상당히 높다. 단순하게 사진을 내려받는 정도가 아니라 프로그램을 이용하여 이미지를 변형하고 왜곡하고 패러디하는 것이 너무나 익숙하다. 사진 몇 장을 가지고 멋지게 동영상을 만들어 내기도 한다.

아이들과 집단 코칭을 할 때 종종 신문 만들기 수업을 진행한다. '교복 치마 길이', '10대의 화장', '스마트폰' 등 그들의 관심사를 찾아 주제를 정하고 신문을 만들어 보게 한다. 기존의 신문들에서 관련 기사를 찾고, 그 사실에 반박하는 본인의 생각들을 적어나가거나 스스로 기자가 되어 주제에 맞는 내용을 적어보는 수업이다. 요즈음 아이들은 생각이 없다는 고정관념이 있는데, 이 수업을 하다 보면 어른들이 생각하는 것보다 아이들이 훨씬 깊이 있는 사고를 하고 있다는 것을 알게 된다.

신문 만들기 수업을 통해 생각을 정리한 후 UCC 만들기 활동을 한다. 각자 시나리오를 만들고 사진을 편집해서 자신들의 생각을 하나의 동영상으로 만들다 보면 자연스럽게 서로의 생각을 공유하고 그들만의 문화를 만들어 낸다.

읽기 학습코칭 현장에서 코치들은 단순히 글을 읽는 것에 초점을 맞추는 것이 아니라 문자와 그 이외 다양하게 표현되는 것들을 읽어 내고, 그것을 통해 세상을 이해하도록 돕는 것이 필요하다. 청소년들은 미디어를 통해 다양한 세상을 바라보고 있다. 미디어를 통해 정보와 지식을 얻고 SNS를 통해 소통하면서 우리 사회의 흐름과 문화를 이해한다. 이제, 미디어는 어디서도 피할 수 없는 것이 되었고 우리가 사는 세상을 이해하고 있는지 혹은 그렇지 않은지를 가름하는 중요한 역할을 하게 되었다.

그럼에도 그동안의 교육은 학생들의 다양한 경험과 현실을 고려하지 않은 교수자 중심의 주입식 교육이었다면, 이제는 그들을 가르치고 배우는 현장의 동반자로 여기고 그들이 다양한 방법으로 문제를 해결해 나갈 수 있도록 함께 고민하는 쌍방향 교육이 되지 않으면 안 된다. 그러므로 우리는 미디어 리터러시를 가르치고 배워야 할 필요가 있다.

현재 우리나라는 미디어 리터러시에 대한 전문적인 교육이 부족한 상태이지만, 문화체육관광부의 경우 미디어 리터러시, 방송통신위원회는 미디어 리터러시 및 인터넷 리터러시, 지자체별 TV 중심 제작지원 사업 등이 추진되고 있다. 스마트기기 확산에 따라 부처 간 공동으로 '아름다운 인터넷 세상 만들기' 관련 주간을 선포하기도 하고 '스마트 인터넷 리터러시(소양) 교육 강화' 내용을 포함한 관련 추진계획을 보고 하였으며 인터넷 윤리 및 체험 내용을 중심으로 교육을 진행하고 있다. 미디어 리터러시코칭은 계속적으로 연구되고 있는 영역이며, 향후 교육현장에서 많이 적용될 코칭 영역임이 분명하다.

2장

리터러시코칭을 여는
읽기 학습코치의 세계

읽기 학습코치의
역할과 전망

본 교재를 중심으로 코칭의 기본철학을 이해하고 코칭 진행방법, 그리고 읽기 능력을 향상시키기 위한 다양한 전략을 익히고 난 후에는 읽기 학습코칭 지도사로 활동할 수 있다. 읽기 학습코칭 지도사는 자기주도학습에서 가장 중요한 읽기 능력을 향상시켜주는 동기 강화와 읽기 훈련을 지도한다. 학습코칭 지도사, 자기주도학습지도사의 자격을 취득하고 현장에서 활동하는 분들의 이야기를 들어보면, 기초학습 능력이 부족한 아이들에게 학습동기 향상을 위한 프로그램을 진행하거나, 다양한 학습전략만을 알려주는 것으로는 학습능력향상에 크게 도움이 되지 않는다는 이야기를 한다. 이러한 부분에 대한 도움을 주기 위해 독서지도사나 논술지도사의 자격을 갖춘 분들이 아이들을 지도해 보지만, 실제적인 교과 학습과 관련된 부분의 어려움을 적절히 해결하지 못하기 때문에 기초학습능력을 향상시키는 것에서 난관에 부딪히곤 한다. 이러한 어려움을 해결하기 위해서 만들어진 전문가가 읽기 학습코치이다.

읽기 학습코치는 과도한 학습의 부작용으로 읽기에 흥미를 잃거나 읽는 것을 어려워하는 학생들에게 읽는 것의 즐거움을 되찾아주고 읽기에 대한 동기를 찾아주는 것에서 코칭이 시작된다. 읽기 학습코치는 코칭을 통해서 학생들이 가지고 있는 인지적, 정의적, 교육적 요인을 이해하고 그것을 통해 일어나는 학습부진을 개선하는데 도움을 주지만, 학원이나 개인과외 선생님처럼 학습을 위한 실제적인 문제풀이나 해결책을 직접 제시해주는 학습지도 방법과는 차별된다. 읽기 학습코치는 학생 개개인의 환경과 성격, 학습능력 등 세밀한 부분까지 파악하고 학생 개개인에 따라 차별화된 학습 목표대로 코칭을 진행한다. 코칭을 통해서 올바른 학습방법과 읽기 능력을 키워주는 역할을 하는 읽기 학습코치는 학생의 숨겨진 잠재력을 키워주는 매력적인 직업임이 틀림없다. 평생학습 시대에 읽기 능력은 더는 간과할 수 없는 부분이다. 정보 홍수의 시대, 배워나가야 할 지식이 무한한 학생들에게 자신에게 맞는 정보를 효율적으로 찾아내고 해석하고, 적용하는 능력은 꼭 필요한 능력이며, 이러한 읽기 능력을 가진 사람이 세상을 지배한다고 해도 과언이 아닐 것이다.

읽기 학습코치의 활동 영역은 다양하다. 첫 번째로 공교육 현장에서 방과 후 교사나 특별활동을 지도하는 교사로 활동이 가능하다. 아이들의 기초학습능력을 향상시키고, 독서나 논술을 접목한 융합형 프로그램을 지도할 수 있다. 이 책을 통한 이론적인 내용을 바탕으로 하여 참고자료로 제공된 활동지를 가지고, 본인만의 프로그램 설계가 가능할 것이다.

혹시 각 학년별 읽기 코칭 프로그램 기획에 도움을 받고 싶다면 '움트리' 프로그램을 활용하면 도움이 될 것이다. 두 번째로 개인코치로 활동할 수 있다. 독서, 논술을 지도하는 많은 곳이 있지만, 학부모의 입장에서는 독서활동을 교과 활동으로 연계하는 방법에 대해 고민하지 않을 수 없을 것이다. 또한, 일반 단과 학원의 교수 방법의 한계점을 알고 있는 학부모들이라면 아이의 상황에 맞는 맞춤형 지도를 해줄 수 있는 전문가를 필요로 한다. 읽기 학습코치는 독서와 교과를 아울러서 활동하기에 가장 적합한 전문가인 것이다. 세 번째로 전문강사로 활동할 수 있다. 현재, 지자체나 민간 기업들이 운영하고 있는 평생교육기관에서는 학부모들을 위한 교육이나 초·중등 학생들을 위한 다양한 평생교육 프로그램을 진행하고 있다. 최근에 학부모들이 궁금해하는 읽기 능력과 자기주도학습 영역에 대한 전문성을 가지고 있다면 강사로 활동하는 것에도 많은 도움이 될 것이다. 또한 본 교재는 강의교재로 사용할 수 있도록 구성되어 있으므로, 응용하여 강의 현장에서 사용하는데 도움을 받을 수 있을 것이다.

읽기 학습코치가 하는 일은 다음과 같다.

1. 읽기 수준을 파악한다.
2. 읽기 수준에 맞춰서 읽기 동기를 향상시킨다.
3. 개별·집단별 읽기 학습코칭 프로그램을 설계한다.
4. 학교, 도서관, 여성회관, 평생학습관 등의 평생교육기관에서 읽기 학습능력을 향상시키는 프로그램을 진행한다.
5. 기초학습능력이 부족한 학생들을 대상으로 읽기, 쓰기 능력을 향상시킨다.

'움트리' 코칭 프로그램 활용 방법

'움트리' 프로그램은 진로, 학습 영역에 걸쳐서 초등, 중등 학생의 진로와 기초학습능력을 체계적으로 개발시키는 코칭 프로그램이다. 이 프로그램은 학생들의 기초학습능력과 학력 신장에 도움을 준다. 진로와 학습, 토론 등 다양한 영역을 다루고 있으며 1년 단위로 학교나 학원, 캠프 등에서 효율적으로 사용할 수 있도록 계발되었다.

이 프로그램으로 꾸준하게 수업을 진행하다 보면 학생들의 읽기 능력 향상은 물론이고 궁극적으로 자기주도학습능력 향상을 기대할 수 있다. 학생들의 수준을 고려하여 여러 단계로 나뉘어 있으며 학생들의 학년과 수준에 맞는 프로그램을 사용하면 된다.

움트리 교재는 학생용과 교사용으로 나뉘어 있어, 교사용 지도서를 활용하여 수업에 효과적으로 지도할 수 있도록 구성되어 있다.

움트리 주니어 프로그램 예시

Ⅰ. 자기 이해

1. 가족과 나
2. 나의 성장 앨범
3. 나는 특별해요
4. 더 나은 나의 모습
5. 흥미로운 직업세계

Ⅱ. 시간관리

1. 시간관리 유형
2. 시간관리 매트릭스
3. 마법의 주간 플래닝

Ⅲ. 공부방법

1. 공부 잘하는 방법
2. SQ3R 읽기법
3. 코넬노트법
4. 마인드맵
5. 시험전략

Ⅳ. 읽는 즐거움

1. 어휘력 키우며 읽기
2. 의미 단위로 읽기
3. 요약하며 읽기
4. 질문하며 읽기
5. 추론하며 읽기
6. 사실과 의견 읽기
7. 중심 생각 읽기
8. 그림, 사진 읽기
9. 시 읽기
10. 이야기 글 읽기
11. 마인드맵 그리기
12. 일기 쓰기
13. 사고 활동하기
14. 주장 글쓰기
15. 서술형 문제 읽기

에필로그

당신의 자녀는 엄친아인가?

스스로가 내재적 동기를 가지고 공부 계획을 세워 적극적으로 실천하는 아이, 자신의 공부습관과 공부의 질을 평가하며 자신에게 맞는 공부법을 터득해가는 주도적인 아이들을 우리는 흔히 엄친아라고 부른다. 누구나 내 자녀가 그런 주도적인 아이이길 희망하지만 교육에 대한 부모의 관심에도 내 자녀는 쉽사리 변화하지 않는다.

달라진 입시제도에서는 자기주도적인 학습능력을 갖춘 아이들이 더욱 인정을 받는다. 그러다 보니 어떻게 하면 내 아이의 자기주도학습을 도와줄 수 있을지, 부모들의 관심이 뜨거울 수밖에 없다.

어린 시절 자전거를 처음 배우던 날을 기억해보자. 첫날부터 넘어지지 않고 자전거에 오르자마자 곧바로 자전거 바퀴를 굴리고 중심을 잡으며 바람을 가르고 앞으로 나아갈 수 있었던가? 아마도 그런 경우는 매우 드물 것이다.

처음 자전거를 타던 날, 나는 자전거에 올라앉으면서부터 심장이 두근대며 정신없이 뛰고, 혹여 넘어져 다치진 않을까 하는 두려움에 쉽사리 자전거 바퀴를 굴리지 못했다. 그렇게 두려워하고 있을 때 자전거를 가르쳐주겠다고 함께 나왔던 사촌오빠가 친절하게 자전거 타는 방법을 알려주며, 손수 시범을 보여주었고 내가 탄 자전거 뒤에서 여러 번 붙잡아주며 격려해주고 믿어주었다. 그 덕분에 나는 결국 자전거 타기에 성공할 수 있었다. 물론 몇 번이나 넘어지고 무릎에는 상처가 남았지만 그날의 기억은 뿌듯한 기쁨으로 남아있다.

이처럼 두려움을 극복하고 용기를 내 도전하여 배운 자전거 타기는 어른이 되어서도 잊어버리지 않는다. 아이들이 스스로 주도적으로 학습하는 것을 바라는 대한민국의 많은 부모님들에게 나는 자기주도적인 학습은 자전거타기와 같다고 감히 이야기하고 싶다. 처음부터 넘어지지 않고 자전거 타기에 성공하기 힘들 듯이 자기주도적인 학습자가 되기 위해서는 믿음과 지지를 바탕으로 한 학습경험과 노력이 필요하다. 긍정적인 피드백과 무조건적인 지지를 주는 대상은 부모일 수도 있고, 코치가 될 수도 있다. 물론, 부모와 코치가 함께 해준다면 더없이 좋은 효과를 일으킴은 물론이다.

행복한 자기주도학습을 완성하기 위해서 나는 세 가지를 제시한다. 긍정적인 믿음과 애정이 그 첫째이며, 직·간접적인 다양한 경험을 통한 배경지식 쌓기가 둘째이고, 독서와 세상 읽기를 통해 깨우치는 읽기 능력이 셋째이다. 우리 아이들이 초등시절부터 이 세 가지 환경에서 성장할 수 있다면 자기주도적인 학습자가 되는데 별다른 어려움을 겪지 않을 것이다. 그중에서도 특히 자기가 읽을 수 있는 만큼만 세상을 알 수 있다는 말이 있을 만큼 읽기 능력은 중요하다.

팝콘브레인(popcorn brain)이라는 말이 있다. 나는 처음 팝콘브레인이라는 용어를 접했을 때, 통통 튀는 팝콘처럼 창의적인 아이디어가 넘쳐나는 뛰어난 뇌를 일컫는 의미가 아닐까 생각했다. 그러나 자세한 뉴스 기사를 보고 안타까움과 씁쓸함을 느꼈다. 그것은 컴퓨터와 스마트폰 등의 첨단기기에 익숙해진 뇌가 그 외의 다른 것에는 쉽사리 반응하지 않으며 현실에 둔감하게 변형된 뇌의 무기력함을 일컫는 용어였던 것이다. 팝콘이 튀듯이 짧고 자극적인 영상매체나 게임 등에만 곧바로 반응하는 뇌의 무기력함을 의미하는 팝콘브레인이 지속되면 독해력의 저하를 낳으며 이런 현상은 학습부진으로 이어지는 악순환을 보인다.

팝콘브레인을 극복하는 방법은 즐거운 읽기를 통해 읽기 능력을 향상시키는 것이다. 디지털세대의 변화무쌍함 속에서도 아날로그의 감성과 추억이 고정 팬을 확보했듯이 첨단 디지털기기로 변화된 현실 속에서도 제대로 된 읽기 능력으로 우리 아이들의 공부가 즐거워지기를 희망한다. 이 책이 즐거운 공부의 마중물이 되어줄 것이다.

21세기가 요구하는 창의적이고 주도적인 인재가 되기를 희망하는 학생들과 학부모와 학습현장에 있는 학습코치와 아이들을 지도하는 선생님들에게 읽기 능력을 향상시키는 비밀을 공개하면서 두려움과 설렘이 가득하다. 이 책을 통해서 대한민국에 진정한 자기주도학습자들이 넘쳐나기를 희망한다.

참고자료

이병서(2004), 『ICT를 활용한 언어학습이 학습 장애아동 낱말 읽기 향상에 미치는 효과』
김명미, 『초등 읽기 능력이 평생성적을 좌우한다.』
김명미, 『초등 과목별 교과서 읽기 능력』
고종숙(2006), 『읽기 학습부진아를 위한 독서지도 프로그램 연구』
어은정(2012), 『초등 교사의 읽기 부진아에 대한 인식과 지도 방식』
한미경(2007), 『질문 생성 전략이 읽기 능력에 미치는 효과 연구』
손창희(1996), 『신문 읽기 활동이 아동의 독해력 향상에 미치는 영향』
김명진(2007), 『상향식, 하향식, 상호작용식 읽기수업의 효과에 관한 비교연구』
유봉현(2000), 『브레인스토밍 기법이 창의적 사고력 증진에 미치는 영향에 관한 실험연구』
박선미(2007), 『내적 동기 증진 전략이 초등학생의 학업적 효능감과 학습태도에 미치는 효과』
박노훈(2002), 『의미 구조도 그리기를 통한 어휘력 신장 방안 연구』
하태조(2011), 『메타인지를 활용한 읽기기능 전략이 초등학생의 글 이해력 및 사회과 학업성취에 미치는 영향』
양병현, 『미국의 리터러시코칭』
신성일, 『교과서 공부법』
2013 경기도 초등학교 평가혁신 학부모 자료

희망을 부르는 교육 인재숲 프로그램

1. 학습코치 양성과정
   - 자기주도학습자가 되도록 이끌어주는 학습코칭 전문가 양성과정

2. 진로 포트폴리오 지도사 과정
   - 학생의 진로 설계와 진로 탐색을 지원하는 진로 적성 지도 전문가 양성과정

3. 읽기 학습코치 양성과정
   - 학습코칭의 핵심, 읽기 쓰기 코칭 지도사 양성과정

4. 부모코칭 지도사 양성과정
   - 자녀로 양육을 위해 부모가 알아야 하는 필수 지식과 활용을 도와주는 코칭 전문가 양성과정

* 문의
홈페이지 : http://cafe.naver.com/klci01 (인재숲)
이메일 : raise515@naver.com

엄마들은 모르는 스스로 공부하는 힘
읽기 코칭을 배우면 공부가 달라진다

초판 1쇄 발행 2014년 06월 01일
초판 2쇄 발행 2015년 10월 08일

지은이 이정숙, 이정진, 이영실
펴낸이 백유미

편집장 박은정 | **편집** 박혜연 | **마케팅** 남성진 조영민 | **디자인** 이정화 양바움
출력 카이로스 | **인쇄** 도담프린팅

펴낸곳 라온북
주소 서울 서초구 사임당로 64 6층
등록 2009년 12월 1일 제2014-000141호
전화 070-7600-8230 | **팩스** 070-4754-2473
이메일 raonbook@raonbook.co.kr | **홈페이지** raonbook.co.kr

값 13,000원
ISBN 979-11-5532-058-7 13370

이 책은 저작권법에 따라 보호를 받는 저작물이므로 무단전재 및 복제를 금지하며, 이 책 내용의 전부 및 일부를 이용하려면 반드시 저작권자와 (주)니카 라온북의 서면동의를 받아야 합니다.
＊ 라온북은 (주)니카의 출판 브랜드입니다.

이 도서의 국립중앙도서관 출판시도서목록(CIP)은 서지정보유통지원시스템 홈페이지 (http://seoji.nl.go.kr)와 국가자료공동목록시스템(http://www.nl.go.kr/kolisnet)에서 이용하실 수 있습니다.
(CIP제어번호 : CIP2014016649)

＊ 잘못된 책은 구입한 서점에서 바꾸어 드립니다.

> 라온북은 독자 여러분의 다양한 아이디어와 원고 투고를 설레는 마음으로 기다리고 있습니다. 머뭇거리지 말고 두드리세요.
> **보내실 곳** raonbook@raonbook.co.kr